Marion Gräfin Dönhoff
Zivilisiert den Kapitalismus

Marion Gräfin Dönhoff

Zivilisiert den Kapitalismus

Grenzen der Freiheit

Deutsche Verlags-Anstalt · Stuttgart

Die Deutsche Bibliothek – CIP-Einheitsaufnahme

Dönhoff, Marion Gräfin:
Zivilisiert den Kapitalismus : Grenzen der Freiheit /
Marion Gräfin Dönhoff. – Stuttgart :
Deutsche Verlags-Anstalt, 1997
ISBN 3-421-05094-5

Lektorat: Michael Neher
Satz: Uhl + Massopust, Aalen
Druck und Bindung:
Friedrich Pustet, Regensburg
Printed in Germany
ISBN 3-421-05094-5

Inhalt

Politik und Gewissen

Es gab Vorbilder

Vorwort

Ein Pole fragte mich neulich: »Warum seid ihr Deutschen eigentlich so verdrossen und pessimistisch? Überall seht ihr Katastrophen, dabei geht's euch doch so gut wie nie zuvor.« Nachdenklich setzte er nach einer Weile hinzu: »Mag sein, daß es schwerer ist, mit Anstand reich zu werden, als in Gelassenheit Armut zu ertragen.«

Wahrscheinlich hat er recht. Wohlstand – materielle Güter allein – reicht offenbar nicht aus, um dem Menschen Befriedigung zu verschaffen. Er braucht auch etwas für Seele und Gemüt. Die Physis bedarf der Metaphysik als Entsprechung.

Die in dem vorliegenden Buch gesammelten Überlegungen zum Thema Ethik gehen alle davon aus, daß in der Industriegesellschaft ein grundlegender Wertewandel stattgefunden hat: weg von den überkommenen Werten wie Pflichterfüllung, Verantwortung tragen, Gemeinsinn üben – hin zu einer individualistischen Orientierung auf Eigennutz, Selbstverwirklichung und hedonistischen Materialismus.

Meine ganzen Betrachtungen gehen von der Frage aus: Wie kommt es, daß heute alles Interesse auf das Wirtschaftliche fixiert ist und das Geistige, Kulturelle, Humane, das doch das Wesen Europas ausgemacht hat, an den Rand gedrängt wird? Allerdings ist Europa – und darüber muß man sich klarsein – kein unwandelbarer Begriff. Europa hat sich mit den philosophischen Konzepten und gesellschaftspolitischen Vorstellungen der jeweiligen Zeit verändert.

Bis zum 18. Jahrhundert, auch noch während der ersten Jahrzehnte des 19. Jahrhunderts, war Europa ein gemeinsamer geistiger Raum. Es war die unbestrittene Mitte der Welt. Jeder, der am geistigen Leben teilnahm, kannte das gemeinsame Kulturgut, alle lasen die gleichen Bücher und philosophischen Schriften. Der deutschsprachige Raum war damals das intellektuelle Laboratorium Europas. Hier wirkten die drei Männer, die die Welt verändert haben: Karl Marx, Albert Einstein und Sigmund Freud.

Der Osten, vor allem Krakau und Petersburg, gehörten selbstverständlich zu diesem Raum. Über mehrere Jahrhunderte hinweg kannte jeder Schriftsteller, Philosoph und Dichter die entsprechenden Persönlichkeiten im anderen Land. Als Erasmus von Rotterdam in finanzielle Schwierigkeiten geriet, kaufte der große polnische Humanist Jan Laski dessen Bibliothek und stellte sie ihm auf Lebenszeit zur Verfügung. Natürlich stand Goethe mit allen wichtigen Geistern seiner Zeit in Verbindung, und selbstverständlich kannte Leibniz alle Wissenschaftler im damaligen Europa.

Wilhelm von Humboldt, der das Bildungs- und Universitätswesen in Deutschland bis in unser Jahrhundert hinein entscheidend geprägt hat, war überall in Europa zu Hause. Immer wieder berichtet er von wichtigen Begegnungen in Berlin, Rom, Paris. Er trifft Chateaubriand, Madame de Staël, Metternich,

Rauch, Thorvaldsen. Natürlich kannte er Goethe, liebte und verehrte Schiller. Es ist erstaunlich, wie beweglich sie alle waren, auch ohne Flugzeug, Eisenbahn oder Auto. Da erfährt man, wie sie heute in Rom zusammenkamen und wenig später in Krakau oder Weimar Gespräche führten.

Europa war eben über lange Zeiten – eigentlich seit der Renaissance – eine geistige Einheit. In der zweiten Hälfte des 19. Jahrhunderts trat dann das Philosophisch-Künstlerische in den Hintergrund, und alles Interesse richtete sich auf Wissenschaft und Technik: Die Dampflokomotive wurde erfunden, die elektrische Glühbirne, das Telefon...

In unserem Jahrhundert steht neben der Technik das Materielle und Kommerzielle im Mittelpunkt allen Denkens und Handelns – alles Geistige, Musische, Humane wird an den Rand gedrängt. Der geographische Begriff Europa ist eben kein Kontinuum, sondern hat zu allen Zeiten verschiedene Bedeutungen gehabt.

Und politisch? Hat sich die Rolle Europas auch politisch gewandelt? Wer die diplomatischen Akten der letzten Wochen vor dem Ersten Weltkrieg liest, stellt fest, daß sich damals, 1914, kein Mensch Gedanken darüber machte, welche Haltung Amerika wohl einnehmen könnte. In den europäischen Kabinetten wurde debattiert, was die Griechen voraussichtlich tun würden und wie Bulgarien sich aller Wahrscheinlichkeit nach verhalten werde. Amerika kam in diesem Szenario gar nicht vor.

Wenn es heute in Amerika gelegentlich heißt, Europa sei ganz uninteressant geworden, wirklich wichtig werde in Zukunft nur Asien sein, dann wird der unglaubliche Wandel deutlich, der sich da vollzogen hat und vollzieht.

Wann hat dieser Wandel begonnen? 1914 schien Amerika, wie gesagt, noch ganz fern und unwesentlich. Vier Jahre später sah die Welt vollständig anders aus. Der Eintritt der USA in den Ersten Weltkrieg markiert den Beginn des Niedergangs der europäischen Mächte, und mit der Oktoberrevolution 1917 begann die allmähliche Herauslösung Rußlands aus der europäischen Völkerfamilie.

Dreißig Jahre währte die Agonie des alten Europa, vom Ende des Ersten Weltkriegs bis zum Coup von Prag im Jahre 1948. Damals stürzte in der Tschechoslowakei unter dem Druck Moskaus die bürgerliche Regierung, und ein kommunistisches Regime wurde errichtet. Die neue Regierung vollzog sofort die Gleichschaltung auf allen Gebieten und errichtete eine stalinistische »Volksdemokratie«. Die Ereignisse von Prag haben schließlich das Schicksal aller Osteuropäer besiegelt. Sie alle verschwanden nach und nach hinter dem Eisernen Vorhang.

Seither zerfiel Europa in zwei Teile: In Osteuropa und Westeuropa. Die Osteuropäer wurden nach asiatischem Brauch zu Tributoren oder, wie man damals sagte, zu Satelliten der Sowjetunion. In Westeuropa aber sanken die Großmächte des 19. Jahrhunderts – England, Frankreich, Österreich und Deutschland – im Verhältnis zu den nun entstandenen beiden Supermächten auf die Position herab, die seinerzeit Holland und Belgien ihnen gegenüber eingenommen hatten.

Die Zentren, auf die hin sich nun die neu entstehende Welt orientierte, waren Washington und Moskau. Für Europa bedeutete dies, daß seine beiden Teile – der östliche und der westliche – politisch, wirtschaftlich und militärisch voneinander getrennt und in gegnerische Bündnisse eingeordnet wurden.

Die Politiker im westlichen Europa begriffen sehr bald, daß die Vielzahl nationaler Staaten zum Untergang oder mindestens zu vollständiger Bedeutungslosigkeit verdammt sein würde, wenn es nicht gelänge, sie zu einer Einheit zusammenzuschließen. Angesichts des wachsenden Einflusses, den die Sowjets östlich der Elbe gewannen, waren die Westeuropäer zunächst einmal auf Verteidigung und Sicherheit bedacht.

Als dann zu jener Zeit auch noch Griechenland und die Türkei immer stärker unter kommunistischen Druck gerieten, entschlossen sich zehn europäische Staaten 1949, zusammen mit Amerika und Kanada ein militärisches Verteidigungsbündnis – die NATO – zu gründen, dem die Bundesrepublik 1955 beitrat. Zwei Jahre danach, 1957, beschloß die Bundesrepublik, zusammen mit fünf anderen europäischen Staaten eine Wirtschaftsgemeinschaft zu gründen, aus der erst die EWG und schließlich die heutige EU hervorging.

So ist aus dem Begriff Europa eine Zweckgemeinschaft für wirtschaftliche und sicherheitspolitische Zusammenarbeit geworden – das eigentliche Ziel, ein politisch geeintes Europa, ist bisher nicht erreicht worden, zu tief wurzeln die nationalen Egoismen.

Man kann nur hoffen, daß Europa irgendwann zu seiner ursprünglichen Rolle zurückfindet und wieder dafür sorgt, daß eine philosophische Dimension in die politische Diskussion und in die Vorstellung, die unsere Welt prägen, Eingang findet. Mit anderen Worten: daß die Fragen nach dem Sinn von Arbeit und Produktion, nach den Grenzen der Macht, dem Wesen des Fortschritts und dem Zuschnitt der Gesellschaft neu gestellt und ernsthaft diskutiert werden.

Mein erster Artikel, der Zweifel am Zustand unserer Gesellschaft zum Ausdruck brachte, stand im September 1989 – also vor Öffnung der Mauer – in der *ZEIT*. Die Überschrift lautete: »Die Niederlage des Marxismus bedeutet nicht den Triumph des Kapitalismus.«

Diese Warnung erschien mir damals notwendig, weil die Euphorie, die in Amerika ausbrach, mit der Realität unserer Welt nichts mehr zu tun hatte. Man sprach dort von einer »neuen Weltordnung«; der Stellvertretende Chef des Planungsstabes im State Department, Francis Fukuyama, schrieb einen Artikel, in dem er erklärte, dies sei nicht nur das Ende des Kalten Krieges, sondern vielleicht das Ende der Geschichte überhaupt, weil sich nun erweise, »daß die liberale Demokratie die endgültige Form menschlicher Regierung ist«; und ein Kolumnist stellte in der *International Herald Tribune* fest, daß die Frage, die seit Platos Zeit aller politischen Philosophen beschäftigt hat, die Frage, welches die optimale Regierungsform sei, jetzt endlich beantwortet ist.

Und warum steht die Ethik im Mittelpunkt aller Analysen dieser Sammlung? Weil die erschreckende Brutalität, die unser heutiges Leben und das Heranwachsen der Kinder charakterisiert, neben manchen anderen Gründen vor allem auf das Fehlen ethischer Formen und moralischer Barrieren zurückzuführen ist.

Die Institutionen, die in früheren Zeiten Werte setzten und Spielregeln festlegten: Elternhaus und Schule, sind dazu nicht mehr in der Lage, aber ohne eine solidaritätsschaffende und Orientierung bietende Ethik wird die Gesellschaft auf Dauer nicht bestehen können. Denn jede Gesellschaft braucht Bindungen, ohne Spielregeln, ohne Tradition, ohne einen ethischen Minimalkonsens, der den Verhaltensnormen zugrunde liegt, wird unser Gemeinwesen eines Tages so zusammenbrechen wie vor kurzem das sozialistische System.

Das Menschenbild, das uns Heutigen vor Augen steht, ist rein individualistisch. Selbsterfüllung ist der bestimmende Aspekt – Verantwortung für den Staat, die Gesellschaft ist weitgehend in Vergessenheit geraten. Der Mensch wird als homo oeconomicus aufgefaßt, der streng rational seinen Vorteil kalkuliert und seinen Nutzen präzis maximiert.

Die ausschließliche Diesseitigkeit, die den Menschen von seinen metaphysischen Quellen abschneidet, der totale Positivismus, der sich nur mit der Oberfläche der Dinge beschäftigt und jede Tiefendimension vergessen läßt, kann aber als einzige Sinngebung auf die Dauer nicht befriedigen.

Die Rahmenbedingungen, innerhalb derer jener homo oeconomicus agiert, sind bestimmt durch das Marktsystem, das auf dem Wettbewerb beruht, und der Motor des Wettbewerbs – ich muß besser sein als der andere – ist der Egoismus. Ein Egoismus, der vor nichts haltmacht. In seinem Gefolge wächst die Brutalität, die unseren Alltag kennzeichnet, wie auch die Korruption, die in vielen Ländern mittlerweile bis hinauf ins Kabinett reicht.

Typisch für unsere Gesellschaft ist der Freiheitsbe-
griff, der keine moralischen Grenzen kennt; typisch
für unsere Gesellschaft ist das ungebremste Streben
nach immer neuem Fortschritt, nach Befriedigung der
ständig wachsenden Erwartungen: Alles muß immer
größer werden, von allem muß es immer mehr geben,
mehr Freiheit, Wachstum, Profit... Diese Entwicklung führt zwangsläufig zu Sinnentleerung, Frustration und Entfremdung. Auch für den Staat kann Wirtschaft nicht die einzige *raison d'être* sein.

Niemand kann bestreiten, daß das Marktsystem in
seiner Effizienz von keinem anderen Wirtschaftssystem übertroffen wird; aber wenn der Markt kritiklos
idealisiert wird, wenn ihm keine ethischen Grenzen
gesetzt werden, wenn er sozusagen als säkularisierte
Eschatologie angesehen wird, dann entartet das
Ganze mit der Zeit zum *catch-as-catch-can*. Man
kann sich leicht vorstellen, daß dann schließlich der
Ruf nach dem starken Mann laut wird, der Ordnung
und Gerechtigkeit schaffen soll.

Der Philosoph Hans Jonas sagt in seinem Buch *Das
Prinzip Verantwortung*: »Nun zittern wir in der
Nacktheit eines Nihilismus, in der größte Macht sich
mit größter Leere paart, größtes Können mit dem
geringsten Wissen: wozu.« Und er fügt hinzu: »Die
Frage ist, ob wir ohne die Wiederherstellung der Kategorie des Heiligen, die am gründlichsten durch die
wissenschaftliche Aufklärung zerstört wurde, überhaupt eine Ethik haben können, welche die extremen
Kräfte, die wir heute besitzen, zügeln kann.«

*Ohne ethischen Minimalkonsens
zerbröselt die Gesellschaft*

Am Ende aller Geschichte?
Die Niederlage des Marxismus bedeutet nicht den Triumph des Kapitalismus

Manchmal könnte man wirklich meinen, die Geschichte mache sich lustig über die Menschen, die ihre Theorien mit dem Anspruch ewiger Wahrheiten vortragen und sie mit solch feierlichem Ernst vertreten.

Da hatte Karl Marx vor 150 Jahren – wie seine Adepten seither und bisher – wirklich geglaubt, wenn die Menschheit seinen Ideen nachlebe, werde sie einen Endzustand paradiesischer Harmonie erreichen. Das Merkwürdige aber ist, daß es gerade seine überzeugend-anschauliche Anklage der elenden Arbeitsverhältnisse jener Zeit war, die dazu beigetragen hat, den von ihm verdammten Kapitalismus zur Humanisierung zu zwingen und so seine Akzeptanz zu sichern, während die Konkretisierung seiner abstrakten Theorien deren Adepten allenthalben ins Unglück gestürzt hat.

Heute sieht jeder ein, daß der Kommunismus in der Praxis scheitern muß, weil die totale Unterwerfung unter eine zentrale Planungsbürokratie jede Lust zur Innovation zerstört und die Arbeitsinitiative tötet. Weil ferner die mit diesem System entstandene Nomenklatura dem Ideal sozialer Gerechtigkeit Hohn spricht, und das verheißene »Reich der Freiheit« mitsamt dem »Neuen Menschen« ad absurdum führt.

Für Marx und seine Jünger stand ja der Lauf der Geschichte fest. Die Evolution der Menschheit hatte vom Patriarchat über den Feudalismus zum Kapitalismus geführt und würde anschließend über den Imperialismus zwangsläufig zum Sozialismus gelangen und so dann das Endziel erreichen, den Kommunismus.

Sein Räsonnement: Im Kapitalismus, der auf der Existenz des Privateigentums beruht, wird alles zur Ware und also zu Geld – auch die Arbeit. Damit verliert die Arbeit ihren schöpferischen Charakter und wird nicht als Selbstverwirklichung empfunden, sondern nur als Erwerb des Lebensunterhalts. Der einzelne wird, so meint Marx, durch die Lohnarbeit sich selbst entfremdet. Erst, wenn das Privateigentum an den Produktionsmitteln abgeschafft ist, könne sich das ändern.

Noch einmal: Die Geschichte, die offenbar das Irrational-Clowneske der Menschheit zu demonstrieren liebt, hat auf dem Weg ins Paradies der klassenlosen Gesellschaft die Entfremdung des Menschen, die Karl Marx doch dem antagonistischen Kapitalismus prophezeit hatte, statt dessen an die Fersen des Marxismus geheftet.

Aber damit nicht genug – es gibt noch mehr Absurditäten. Jetzt beginnen die triumphierenden Gegner von Marx, vor allem die Amerikaner, des Propheten absurde Vorstellung von einem Endzustand der Geschichte ihrerseits zu prognostizieren. So stand in der *International Herald Tribune* vor einigen Monaten als dreispaltige Überschrift: *We can now answer Plato's question.* Der Autor Charles Krauthammer, ein Kolumnist, erklärte: »Die Frage, die seit Platos Zeiten alle politischen Philosophen beschäftgt hat: *Welches ist die optimale Regierungsform?*, ist jetzt beantwortet.« Dreimal darf man raten, wie. Krauthammers Antwort: »Nach einigen Jahrtausenden des Ausprobierens der verschiedenen Systeme beenden wir nun dieses Jahrtausend in der Gewißheit, daß wir mit der pluralistisch-kapitalistischen Demokratie das gefunden haben, was wir suchten.«

Noch deutlicher sagt es der stellvertretende Chef des Planungsstabes im State Department, Francis Fukuyama. In der Vierteljahreszeitschrift *National Interest* erklärte er zu den aktuellen Ereignissen: »Was wir erleben, ist vielleicht nicht nur das Ende des Kalten Krieges oder einer bestimmten Periode der Nachkriegsgeschichte, sondern das Ende der Geschichte überhaupt; also der Endpunkt ideologischer Evolution der Menschheit und der Beginn weltweiter Gültigkeit der westlichen liberalen Demokratie als endgültige Form menschlicher Regierung.«

Da wird einem wirklich bange, und man fragt sich, ob nun als nächster absurder Einfall der Geschichte vielleicht der Kapitalismus zugrunde geht und von einem geläuterten Sozialismus gerettet wird. Das ist gar nicht so unvorstellbar, wie es klingt.

Gewiß, als wirtschaftliches System ist der Sozialismus im Wettstreit mit der Marktwirtschaft gescheitert. Aber als Utopie, als Summe uralter Menschheitsideale: soziale Gerechtigkeit, Solidarität, Freiheit für die Unterdrückten, Hilfe für die Schwachen, ist er unvergänglich.

Und unsere so erfolgreiche westliche Gesellschaft? Wenn man sie einmal von außen, also wie ein Unbeteiligter, betrachtet, dann könnte man meinen, unsere

Sozial- und Wirtschaftsordnung sei bereits auf dem Abstieg, denn ihre positiven wirtschaftlichen Folgen zeitigen natürlich auch negative Begleiterscheinungen.

Das Engagement für das Ganze, also für Staat und Gesellschaft, hat einem erschreckenden Egoismus Platz gemacht. Karriere und Geld nehmen jetzt die erste Stelle ein. Die Maximierung des Einkommens ist zum höchsten Lebensziel, nicht nur für Yuppies, geworden. So zwingend ist dies, weil nicht nur Lebensstandard und Wohlbefinden, sondern auch Ansehen und Einfluß am Geld gemessen werden. Ein Gefühl für gesellschaftliche Verantwortung wird immer seltener.

Allein in London gibt es über 10 000 Obdachlose, die ihre Nächte in U-Bahn-Schächten, auf Parkbänken und in verlassenen Gebäuden verbringen. In Amerika sind es offenbar drei Millionen, was nicht zuletzt darauf zurückzuführen ist, daß Reagan den öffentlichen Wohnungsbau praktisch eingestellt hat. Sowohl in England als auch in Amerika wächst mit dem Reichtum zugleich die Armut. In einem Bericht von Wissenschaftlern heißt es, daß sich die Zahl der Sozialhilfeempfänger im britischen Königreich seit 1979 von vier Millionen auf acht Millionen verdoppelt hat. Es wird nachgewiesen, daß innerhalb von zehn Jahren der Reallohn bei der höchsten Einkommensteuerklasse um 22 Prozent stieg, bei der untersten Klasse aber um 10 Prozent gesunken ist. Um so unbegreiflicher, daß Anfang dieses Jahres der Höchststeuersatz von sechzig Prozent auf vierzig Prozent reduziert wurde. Auch in Amerika wird die Kluft zwischen Arm und Reich immer größer. Dreiunddreißig Prozent aller Schwarzen lebten unterhalb der offiziellen Armutsgrenze, bei den Weißen sind es elf Prozent. Und darüber, daß 37 Millionen Amerikaner keine Krankenversicherung haben, kann man nur staunen.

Besonders erschreckend ist das Bild der westlichen Gesellschaft, wenn man sich die Korruptionsfälle der letzten zwölf Monate vor Augen führt. Da ist der Ministerpräsident Griechenlands, Andreas Papandreou, der mit mehreren Ministern seines ehemaligen Kabinetts und anderen Würdenträgern vor Gericht gestellt wird. In zwei Fällen ist Klage bereits erhoben worden; der Vorwurf, Anstiftung zur Untreue, private Bestechung und Hehlerei wird noch geprüft.

Die Geldgierigen waren auch in Amerika nicht faul. Unter Präsident Reagan sind fast 1000 Verfahren wegen krimineller Vorgänge im Amt eingeleitet worden. Von den 535 Mitgliedern des letzten Kongresses sind 20 wegen unethischen Verhaltens angeklagt worden. Der Fall des Jim Wright, Sprecher des Repräsentantenhauses, hat zehn Monate lang einen Untersuchungsausschuß beschäftigt; Wright hat Geschäfte, die als Nebeneinnahmen hätten angegeben werden müssen, nicht deklariert. Man muß sich das einmal vorstellen: Der dritte Mann im Staat nach Präsident und Vizepräsident muß wegen finanzieller Vergehen zurücktreten, während der als Verteidigungsminister vorgesehene Senator Tower wegen Alkoholismus nicht bestätigt werden konnte. Der letzte große Skandal ist noch gar nicht aufgearbeitet. Er ist in dem Ministerium für Housing and Urban Development (HUD) ausgebrochen. Durch Unregelmäßigkeiten beim Verkauf staatssubventionierter Wohnungen sind riesige Summen veruntreut worden.

An derlei Übelstände scheint Amerika sich gewöhnt zu haben, aber das, was die Bevölkerung wirklich das Gruseln lehrt, ist die Drogensucht, die sich, einer mittelalterlichen Seuche gleich, ausbreitet, nicht nur in den Großstädten. Das *Wallstreet Journal* beschreibt eine Kleinstadt in Delaware: Seit die Crack-Dealer 1985 dorthin gelangt sind, beherrschen brutaler Mord, Raubüberfälle, Prostitution und Syphilis den ländlichen Ort. Überall nehmen die Verbrechen zu. Die Polizei schätzt, daß achtzig Prozent der rasch zunehmenden Verbrechen in Amerika im Zusammenhang mit Drogen stehen.

In einem Bericht aus Washington heißt es: »Nur ein paar Häuserblocks vom Weißen Haus entfernt fallen, wie in allen Großstädten, Nacht für Nacht Schüsse, sterben zumeist junge Menschen. Straßenzüge, ganze Stadtteile werden vom Kokain regiert, Familien zerbrechen, gewachsene Sozialstrukturen zerfallen, Kinder werden mit Kokain im Blut geboren.«

Jeden Tag werden in Amerika etwa 600 Babys von Müttern geboren, die kokainsüchtig sind, allein in den Hospitälern Floridas wurden im vorigen Jahr 10 000 solcher Kinder geboren. Sie wiegen bei der Geburt manchmal nur 1500 Gramm, haben Wachstumsstörungen und Gehirnschäden.

Heimsuchungen aller Art, die sich gegenseitig verstärken und bedingen, ergeben ein trauriges Bild: Arbeitslosigkeit, Alkohol- und Drogenmißbrauch, Prostitution, Kürzungen des Sozialprogramms, Steuersenkungen und Budgetdefizit. Sollte dies wirklich die perfekte Gesellschaft sein, die für alle Zeiten über den Sozialismus triumphiert?

(1989)

Aufruf:
Weil das Land sich ändern muß

Nein und abermals nein: So haben wir uns weder die Bundesrepublik nach vier Jahrzehnten noch das befreite, endlich wiedervereinigte Deutschland vorgestellt. Wir hatten gehofft, das Ende der DDR, dieser langersehnte, einzigartige Moment, werde eine allgemeine Aufbruchstimmung zeitigen. Statt dessen macht sich resignierende Unlust breit.

Die Bürger sind frustriert, Regierung wie Opposition ohne Elan und ohne Vision. Das meiste wird dem Zufall überlassen. Es ist, als rase die Geschichte wie ein ungesteuerter, reißender Fluß an uns vorüber, während wir, die am Ufer stehen, die bange Frage stellen, wohin er wohl führt. Jeder hat den Wunsch, daß darüber nachgedacht wird, wie es vermutlich in zehn Jahren in der Welt aussehen wird, vielmehr aussehen sollte, und was wir tun müssen, um dorthin zu gelangen. Aber niemand hat ein Konzept. Alle sind gleichermaßen ratlos, keiner scheint sich über die obwaltenden Tatsachen Rechenschaft zu geben, weder in der Welt noch bei uns zu Haus.

Typisch dafür ist, wie im Bereich der Entwicklungshilfe die Fakten einfach nicht zur Kenntnis genommen werden. In jedem Jahr wächst die Weltbevölkerung um fast hundert Millionen. Das sind etwa so viele Menschen, wie in ganz Deutschland, Belgien und den Niederlanden zusammengenommen leben. Die Wirtschaftsplaner aber gehen, wenn sie über Entwicklungshilfe nachdenken, heute wie vor vierzig Jahren noch immer von der Vorstellung aus, die Dritte Welt müsse mit der Zeit dem Niveau der Industriegesellschaften angeglichen werden. Ungeachtet aller ökologischen Einsichten unterstellen sie eine stetig zusammenwachsende, ständig expandierende, allmählich sich angleichende Weltwirtschaft: Dies ist ganz und gar unrealistisch. Darum ist ein neues Konzept notwendig. Ein Konzept, in dem der Begriff Verzicht die Hauptrolle spielen muß.

Verzicht innerhalb der Industriegesellschaften – auch für uns in Deutschland – ist unerläßlich, wenn nicht die nächste Generation unter der Schuldenlast zusammenbrechen soll. Die Bundesrepublik (Bund, Länder, Gemeinden) ist heute mit 1,5 Billionen D-Mark (in Zahlen 1 500 000 000 000) verschuldet, das bedeutet eine Zinslast von jährlich über 100 Milliarden Mark. Diese Summe müssen unsere Kinder aufbringen, weil wir zu üppig gelebt haben.

Die Konsequenz: Wir müssen alle zurückstecken, der Bund, die Länder, die Kommunen, Unternehmer und Gewerkschaften, jeder einzelne von uns. Wir werden alle mehr Steuern zahlen und sparsamer leben müssen, über den Inflationsausgleich hinaus wird es keine Lohnerhöhungen geben können. Wir müssen unseren Lebensstil ändern. Das wird für alle schmerzhaft sein. Aber es ist nicht einzusehen, warum es uns so schwerfallen sollte, freiwillig zur Erhaltung des inneren Friedens Verzichte zu leisten, die jeder im Falle eines Krieges selbstverständlich auf sich nimmt.

Unglaublich naiv ist die Gelassenheit, mit der die Bonner Regierenden sich mit der bestehenden Arbeitslosigkeit abgefunden haben: »Das wird noch ein paar Jahre so weitergehen«, heißt es seit fast einem Jahrzehnt. Zur Beruhigung wird auf die vielen neu geschaffenen Arbeitsplätze hingewiesen. Daß diese in Zeiten der Hochkonjunktur neu geschaffenen Jobs in der jetzigen Rezession unter dem Druck der Rationalisierung als erste verschwinden werden, scheint sie nicht zu beunruhigen. Dabei ist leicht vorstellbar, daß zu den dreißig Prozent Arbeitslosen in den neuen Bundesländern bald eine wachsende Zahl Entlassener in den alten Ländern hinzukommen wird.

Eine Konsequenz der Konzeptionslosigkeit ist auch bei der Abrüstung deutlich geworden. Bei den Vereinbarungen der beiden Militärbündnisse wurden acht Kategorien festgelegt, wie das überschüssige Rüstungsmaterial verwendet werden dürfte (für Konversion, Zielübungen, zur Schulung et cetera). Das Wichtigste – ein Exportverbot festzuschreiben – ist offensichtlich vergessen worden. Folge: Jedes Land trachtet, von dem vorhandenen Überschuß soviel wie irgend möglich an andere Staaten zu verkaufen, so daß schließlich statt Abrüstung nur eine Umverteilung des überschüssigen Materials stattfindet. Bonn ist durch den Verkauf der DDR-Waffen zum drittgrößten Waffenexporteur der Welt geworden.

Desgleichen bleibt unverständlich, wie die Regierung ungerührt und ohne einzugreifen jahrelang zuschauen kann, wie sich das Verhältnis von Schiene und Straße kontinuierlich verschlechtert. Jahr für Jahr macht die Bundesbahn ein Defizit, das in den letzten zehn Jahren von fünf Milliarden auf dreizehn

Milliarden gestiegen ist, bis sie jetzt kurz vor der Pleite steht.

Die Handlungsunfähigkeit der Regierung ist schuld daran, daß der Unwille der Bürger und die allgemeine Politikverdrossenheit ständig zunehmen. Ein besonders nachhaltiger Anlaß dafür ist das Asylproblem. Seit vielen Jahren ist diese Problematik in all ihren Aspekten bekannt, aber nichts Entscheidendes wurde unternommen, bis es nun in allen Fugen des Staatsapparats und der Parteiapparate knirscht.

Auch das Problem des neu erwachenden Nationalismus wurde nicht rechtzeitig bedacht. Dabei war doch klar, daß der Zerfall des Kommunismus in Osteuropa und im Sowjetimperium zu einer Wiederbelebung der bis dahin unterdrückten ethnischen Minderheiten führen würde. Hätte man damals, vor drei Jahren, diesen Staaten unter Mitwirkung von Weltbank, Internationalem Währungsfonds und westlichen Organisationen eine sinnvolle, vielleicht auch institutionelle Hilfe in Aussicht gestellt, wären die GUS-Staaten möglicherweise unter einem gemeinsamen Dach geblieben, sofern man den einzelnen Republiken ihre langentbehrte Identität garantiert hätte. Erst damit wäre das vielbejubelte Ende des Kalten Krieges zu einem Sieg geworden.

Vielleicht hätte dadurch der lang angestaute Haß, der sich nun in ethnischen Bürgerkriegen austobt, kanalisiert werden können. In Jugoslawien strebt der Nationalismus mit »ethnischer Reinheit« einer Art Apartheid entgegen, die auf die Nachbarn ansteckend wirkt, so daß daraus leicht eine Kettenreaktion werden könnte. Auch wir müssen achtgeben, daß ein nationales Selbstbewußtsein à la Jörg Haider, Le Pen und Schönhuber nicht zu aggressivem Nationalismus und schließlich zu Intoleranz und Illiberalität wird.

Ein anderes, beängstigendes Faktum, das verdrängt oder jedenfalls nicht zur Kenntnis genommen wird, ist der allgemeine Verhaltenswandel, der sich breitmacht: Von Gemeinwohl spricht keiner mehr – dafür soll gefälligst der Staat aufkommen. Der Bürger sorgt für sich selbst. Die meisten denken an nichts anderes als an ihr eigenes Wohlergehen. Die Ansprüche wachsen von Jahr zu Jahr. Die Verteilungskämpfe, die vor uns liegen, werden deswegen sehr hart werden.

Das Anspruchsdenken wird weder von den Parteien noch von der Regierung bekämpft, es durchdringt vielmehr über die Interessenverbände und die Volksvertretungen alle verantwortlichen Schichten. Dem Wunsch des Publikums nach Wohlstandserhaltung entspricht der Wunsch der Repräsentanten wie auch der Regierungen und der Verbände nach Machterhaltung; so addieren sich die Schwächen beider Seiten.

Die Konzeptionslosigkeit hat bei den Bürgern Resignation und Mißmut erzeugt, weil sie den Verdacht hegen, die Parteien stritten nur um die Macht, anstatt sich mit der Lösung von Problemen zu beschäftigen. Da überdies meist die Zeit zum Nachdenken und Abwägen fehlt, werden die Probleme im allgemeinen erst dann bemerkt, wenn sie mit dem Vermerk »dringlich« auf dem Tisch liegen und ihnen nicht mehr ausgewichen werden kann.

Die Gefahr ist groß, daß junge Menschen, die in diesem Klima von Anspruchsdenken, Nicht-gefordert-Werden und Bindungslosigkeit heranwachsen, der Verführung von Populisten und radikalen Schwätzern widerstandslos erliegen. Die notwendigen Maßstäbe werden häufig genug weder im Elternhaus geformt noch von der Schule, wo die Lehrer meist nur zaghaft versuchen, gegen quälende Aufsässigkeit anzugehen. Das Zur-Schau-Stellen brutaler Gewalt, vermittelt durch Videos, und die Schrecken des täglichen Fernsehens, das fast nur noch über Verbrechen, Hunger, Kriege, Elend, Zerstörung und Tod berichtet, führt dazu, daß junge Menschen Gewalt für einen ganz normalen Bestandteil des Lebens halten.

Es gibt erschreckende Kommissionsberichte über Gewalt in den Schulen. Es heißt dort, in vielen Großstädten wagten sich immer mehr Schüler nur noch mit Waffen – Gaspistolen, Messern, Schlagringen – in die Schule, um sich gegen Mitschüler zu verteidigen, die »Schutzgelder« erpressen, die Herausgabe von Bargeld verlangen oder das »Jacke-Ausziehen« erpressen. Ständig nehmen Aggressivität und Vandalismus zu.

In der Tat führt eine *permissive society*, die keine Grenzen setzt und keine moralischen Schranken errichtet, letzten Endes zur Zerstörung von Freiheit und Liberalität. Wie ist es möglich, daß noch ein halbes Jahrhundert nach Hitlers Untergang in den Straßen Deutschlands der Ruf erschallt: »Deutschland den Deutschen, Ausländer raus!« und daß brutalisierte Banden junger Leute Brandfackeln und Steine auf schlafende Frauen und Kinder werfen? Zugegeben, daß der Rechtsstaat es schwer hat, mit solchem Pöbel fertig zu werden – da haben es autoritäre Regime leichter. Aber daß diese Fälle sich nun zu Hunderten addieren, ohne daß etwas Entscheidendes geschieht, das muß der Demokratie Abbruch tun.

Der Nationalsozialismus hat die konservativen Werte von Heimat, Vaterland, Treue und Opferbereitschaft mißbraucht und pervertiert. Der Stalinismus hat die Ideale des Sozialismus: soziale Gerechtigkeit, Frieden und Gleichheit korrumpiert und pervertiert. Viel mißverstandener Idealismus wurde in beiden Fällen verschlissen. Jetzt wissen wir, wie wichtig es ist, daß die Bürger sich ihrer Verantwortung bewußt werden und sich politisch engagieren. Wer sich apolitisch verhält, schadet der Gemeinschaft und schließlich sich selbst.

Unsere Universitäten leiden seit Jahren unter struktureller Fehlentwicklung: Eine Bildungseinrichtung, die zur Erziehung von führenden Wissenschaftlern, Staatsbeamten, Ärzten und Gelehrten gedacht war, ist immer weiter aufgebläht worden, bis sie schließlich zu einer zweckentfremdeten Massenuniversität ohne entsprechende Strukturen geworden ist, bei der von Forschung nicht mehr die Rede sein kann. 1952 gab es in der Bundesrepublik 131 644 Studenten, 1972: 658 000, 1992: 1,8 Millionen – und dies, obwohl nur 850 000 Studienplätze zur Verfügung stehen. Längst hätte verhindert werden müssen, daß die »Verweildauer« auf den Universitäten im Durchschnitt bei vierzehn Semestern liegt, obgleich als Regelstudienzeit zehn Semester festgelegt wurden. Auch daß im Durchschnitt jeder vierte Student sein Studium abbricht, ist eine Belastung der Universitäten, die verhindert werden muß. Manche Universität ist so überbelegt, daß sie Vorlesungen schon in ein Kino oder in die Kirche verlegen muß.

Steve Muller, lange Zeit Präsident der Johns-Hopkins-Universität, der ersten großen amerikanischen

Universität, die im vorigen Jahrhundert nach Humboldtschem Vorbild gegründet worden ist, meint, wenn das deutsche Schul- und Universitätssystem nicht grundlegened verändert würde, werde »die Hochschule nichts anderes sein, als eine Vermittlerin höherer Fachkenntnisse – ohne geistige Tradition«. Das Zurücktreten der moralischen, kulturellen und geistigen Werte hinter praktischen Leistungen und beruflichen Erfolgen, die primär in Geld gemessen werden, ist schon heute das traurige Kennzeichen unserer Zeit. Auch das neue Europa läuft Gefahr, ausschließlich auf Wachstumsraten, Sozialprodukt und Außenhandelsbilanzen konzentriert zu werden.

Daß unser alter Kontinent in erster Linie durch geistige Werte charakterisiert war, daß Europa einen geistesgeschichtlichen Raum darstellte, das sollte nicht vergessen werden. Aber vieles wird vergessen: beispielsweise auch, daß der erste Satz des Ahlener Programms der damals neu gegründeten CDU lautete: »Kapitalistisches Macht- und Gewinnstreben kann nicht Inhalt und Ziel der staatlichen Neuordnung in Deutschland sein.«

Die hier kritisierte Rat- und Konzeptlosigkeit ist keineswegs auf unser Land beschränkt; sie ist nicht nur typisch für ganz Europa, sondern auch für Amerika. Aber damit sollten wir uns nicht beruhigen, sondern versuchen, wenigstens bei uns etwas zu verändern.

Allenthalben hat die Qualität der politischen Klasse nachgelassen; aber es hat keinen Sinn und es wäre ungerecht, alle Last und alle Schuld den Politikern zuzuschieben. Vieles hängt von uns, den Bürgern ab. Wir alle müssen uns ändern. Ein Wandel der

Maßstäbe ist notwendig. Das Prinzip der sozialen Marktwirtschaft ist als Wirtschaftsprinzip unentbehrlich, aber es darf nicht als Entschuldigung fürs Nicht-Handeln mißbraucht werden. Das Gemeinwohl muß wieder an die erste Stelle rücken. Es ist ein Skandal, daß Gewalt, Korruption und ein egozentrischer Bereicherungstrieb als normal angesehen werden, während ein unter Umständen sich regendes Unrechtsbewußtsein kurzerhand mit dem Hinweis auf die »Selbstregulierung des Marktes« beschwichtigt wird.

Wir haben es satt, in einer Raffgesellschaft zu leben, in der Korruption nicht mehr die Ausnahme ist und in der sich allzu vieles nur ums Geldverdienen dreht. Es gibt Wichtigeres im Leben des einzelnen wie auch im Leben der Nation.

(1992)

Von der Kulturgesellschaft
zur Konsumgesellschaft

Während der Hitler-Zeit haben wir uns nach dem Rechtsstaat gesehnt, nach Freiheit und Gerechtigkeit. Im östlichen Teil Deutschlands, hat man noch vierzig Jahre länger auf diese Segnungen warten müssen.

Schließlich war es eines Tages für uns alle soweit; doch nun entdecken wir, daß zwar die Voraussetzungen gegeben sind: Rechtsstaat, Gewaltenteilung, Pluralismus, daß die Gesellschaft aber keineswegs so ist, wie wir sie uns gewünscht haben und wie wir sie auch nach dem Ende der totalitären Regime für selbstverständlich hielten.

Warum ist das so? Was fehlt denn? Worauf haben wir all die Zeit gewartet? Antwort: Auf die *civil society*, eine zivile Gesellschaft also. Aber was wir bekamen, ist eine reine Konsumgesellschaft, manche sagen, eine Raff-Gesellschaft.

Ich glaube, wir müssen uns über eins klar sein: Liberalismus und Toleranz, die Vorbedingungen der *civil society*, sind dem Menschen nicht von Natur aus angeboren, er muß erst dazu erzogen werden, durch Elternhaus, Schule und Gesellschaft. Die Eigenschaften Liberalismus und Toleranz wie auch die Bürgergesellschaft sind ein Ergebnis der Zivilisation. Erst die Aufklärung, der Ausbruch aus der, wie Kant sagt,

»selbstverschuldeten Unmündigkeit«, hat die Voraussetzungen für die Bürgergesellschaft geschaffen.

Rule of law, Gewaltenteilung, Pluralismus und Offenheit sind zwar Voraussetzungen, aber sie allein genügen nicht. Es kommt darauf an, was die Bürger daraus machen, auf ihre Gesinnung kommt es an, auf ihr Verhalten und darauf, wie sie ihre Prioritäten setzen. Also: Nicht nur die Regierungen tragen die Verantwortung, jeder einzelne Bürger ist für das Ganze mitverantwortlich.

Die Gesinnung der Bürger, das Klima in der Gesellschaft, hat sich in den verschiedenen Epochen immer wieder gewandelt. Im 18. und frühen 19. Jahrhundert war Europa – ganz Europa – ein geistiger Raum, zu dem selbstverständlich Petersburg, Krakau und Prag genauso gehörten wie Rom oder Paris.

In der zweiten Hälfte des 19. Jahrhunderts stehen dann Wissenschaft, Technik und die großen Erfindungen im Vordergrund. Und nun, in unserer Zeit, nach den beiden Weltkriegen, die so viel zerstört haben, sind es wirtschaftliche Interessen, auf die der Ehrgeiz gerichtet ist: GNP, Produktion, Handel und vor allem Geld. Deutschland ist von einer Kulturnation zu einer Konsumnation geworden.

Noch einmal die Frage: Warum ist unsere Gesellschaft so unbefriedigend, obgleich heute alles, was einen Rechtsstaat ausmacht, gewährleistet ist? Warum treten die Leute aus der Kirche aus? Warum verlieren Parteien und Gewerkschaften angestammte Mitglieder? Warum schimpfen die Bürger auf die Politiker und die Politiker auf die Medien? Kurz gesagt: Warum so viel Frust, wo es doch den meisten so gut geht wie nie zuvor?

Natürlich gibt es eine ganze Reihe von Gründen. Wir stehen zweifellos an einer Zeitenwende, die durch Globalisierung, Computertechnologie und elektronische Informationspraktiken gekennzeichnet ist und die wahrscheinlich größere gesellschaftspolitische Veränderungen verursachen wird als seinerzeit das Hereinbrechen des technisch-wissenschaftlichen Zeitalters.

Wir sehen also einer Zeit neuer Ungewißheiten entgegen, und das macht angst. Im übrigen, was soll werden, wenn die Arbeitslosigkeit unaufhaltsam wächst, wenn Betriebe nur rentabel werden, indem sie Arbeiter entlassen, Städte nur saniert werden können, wenn sie Angestellte auf die Straße setzen? Ferner die quälende Frage: Was wird aus Rußland werden – drohen neue Gefahren im Osten?

Konkrete Probleme hat es immer gegeben. Heute aber gibt es noch etwas anderes, etwas Unwägbares, ganz und gar Unkonkretes, was die Menschen bedrückt, oft ohne daß sie sich darüber Rechenschaft geben. Alles Metaphysische, jeder transzendente Bezug ist ausgeblendet, das Interesse gilt ausschließlich dem wirtschaftlichen Bereich: Produzieren, Konsumieren, Geldverdienen. Eine Zeitlang war das ganz schön, aber dann spüren plötzlich viele: Dies kann doch nicht der Sinn des Lebens sein.

Allen großen Umbrüchen in der Geschichte sind neue philosophische Erkenntnisse vorausgegangen: Ohne Montesquieus Ideen ist die Französische Revolution nicht denkbar und die amerikanische Unabhängigkeitserklärung auch nicht. Unser Zeitalter dagegen hat keine geistigen Voraussetzungen. Es gab nur Ideologien, und die sind auch noch pervertiert

worden: Die konservative durch Hitler, der alle Wertvorstellungen der Rechten ad absurdum geführt hat,
und die der Linken durch Stalins Brutalisierung des
Sozialismus. Was übrigblieb, ist die Marktwirtschaft.

Als Wirtschaftssystem ist die Marktwirtschaft un-
übertroffen. Für eine Sinngebung hingegen reicht sie
wirklich nicht aus. Sie ist sehr possessiv. Die Marktwirtschaft beansprucht den Menschen ganz und gar
und duldet keine Götter neben sich. Ihr Wesen ist der
Wettstreit und ihr Motor der Egoismus: Ich muß
besser sein, mehr produzieren, mehr verdienen als die
anderen, sonst kann ich nicht überleben. Die Konzentration auf dieses Prinzip hat dazu geführt, daß alles
Geistige, Kulturelle an den Rand gedrängt wird und
schließlich immer mehr in Vergessenheit gerät.

Dieser Zustand ist im wesentlichen auf das Zusam-
menwirken von Säkularisierung und Kapitalismus
zurückzuführen, aber es wäre grundverkehrt, nun zu
meinen, man könne die Säkularisierung rückgängig
machen – das ist unmöglich. Allerdings ist in den
letzten zweitausend Jahren die Religion schon mehrfach abgeschafft worden, das letzte Mal zugunsten
der Vernunft während der Aufklärung. In Notzeiten
aber haben die Menschen sich ihrer dann erinnert und
ihr den legitimen Platz wieder eingeräumt.

Was den Kapitalismus und die Marktwirtschaft
angeht, so muß man sie unter allen Umständen erhalten und sie nicht abschaffen wollen – sie müssen nur
sozusagen *zivilisiert* werden. Grenzen müssen gesetzt
werden: Freiheit ohne Selbstbeschränkung, entfesselte Freiheit also, endet auf wirtschaftlichem Gebiet
zwangsläufig in einem Catch-as-catch-can und
schließlich in dem Ruf nach einem »starken Mann«,

der alles wieder richten soll. Im Osten, wo man dies – am deutlichsten in Rußland – beobachten kann, hat man gesehen, daß es keinen Sinn macht, im Kopfsprung aus einer gelenkten Wirtschaft in die freie Marktwirtschaft zu springen und aus einer autoritären Gesellschaft in eine *permissive society.*

Notwendig ist, daß zuvor gewisse politische Strukturen gesetzt werden. Sonst ist die Folge – wie Rußland zeigt – das Überhandnehmen der Mafia, denn die Rücksichtslosen, die Schlitzohren und die potentiellen Verbrecher, das sind diejenigen, die sich als erste bedenkenlos bedienen.

Aber nicht nur im Osten, auch im Westen sehen wir die Folgen einer Lebensweise, die nur auf den Eigennutz gestellt ist, ohne Verantwortung für das Ganze. Eine Entfesselung aller Begierden ist unvermeidlich: Nie zuvor hat es so viel Korruption bis in die höchsten Kreise gegeben, überall in Europa werden Minister wegen Korruption aus den Kabinetten entlassen, in Italien wurde ein Ministerpräsident zu acht plus fünf Jahren verurteilt, und in Deutschland wird zur Zeit gegen 1860 Ärzte wegen Bestechlichkeit ermittelt: Der Oberstaatsanwalt von Frankfurt am Main erklärte kürzlich, daß in seinem Amtsbezirk seit 1987 1500 Manager und höhere Beamte (meist solche, die für die Erteilung von Genehmigungen zuständig sind) wegen Bestechlichkeit untersucht wurden.

Erst vor vierzehn Tagen wurde der Vorstandsvorsitzende von Thyssen und fünf Personen aus der obersten Etage des Konzerns wegen Korruptionsverdacht verhaftet und nur gegen Kaution wieder freigesetzt. Und in Recklinghausen wurde in dieser Woche der vierzehnte Mitarbeiter der Stadtverwaltung wegen des Vorwurfs der Bestechlichkeit festgenommen.

Das normale Rechtsempfinden, das Gefühl für das, was man tut und nicht tut, ist durch das Fehlen ethischer Grundsätze und moralischer Barrieren so verkümmert, daß man sich fragen muß: Kann eine Gesellschaft unter solchen Umständen überhaupt leben?

Zu allen Zeiten hat es stets jenseits des sachlichpositivistischen etwas gegeben, was die Gesellschaft zusammenhielt. In den primitiven Gesellschaften waren es der Ahnenkult oder irgendwelche Traditionen, später dann Religion oder das Bewußtsein gemeinsamer Kultur. In jedem Fall gab es immer etwas, das Verhaltensnormen schaffte, denn ohne sie kann eine Gesellschaft nicht existieren.

Ohne einen ethischen Minimalkonsens wird auch die Brutalisierung des Alltags immer weiter zunehmen; schon heute vergeht kein Tag, an dem die Zeitungen nicht berichten, daß jemand erschossen worden ist, weil er irgendeinem im Wege stand. Oder daß Kinder einen Obdachlosen töteten, um mal zu sehen, wie das ist, oder Halbwüchsige einen Farbigen erschlagen, weil der angeblich hier nichts zu suchen hat.

Daß es so nicht weitergehen kann, ist klar, das Problem ist nur, auf welche Weise können ethische Werte wieder inthronisiert werden – Autorität hilft da wenig und Verordnungen auch nicht. Gibt es überhaupt noch ein potentielles Reservoir an Gemeinschaftsgefühl, das wieder aktiviert werden könnte?

Ich meine, jene Lichterketten, die Millionen von Bürgern bildeten, um gegen die Ausländerfeindlichkeit zu demonstrieren, beweisen, daß Solidarität sehr wohl aktiviert werden kann. Und auch das immer wieder laut werdende Verlangen nach Partizipation, nach mehr Teilnahme an Entscheidungen, macht dies deutlich. Denn es ist ja nicht so, daß die Bürger der Politik überdrüssig sind. Sie finden nur, daß die Politiker engagierter und entschiedener handeln sollten.

Eines allerdings muß man wissen. Es gibt kein System, das eingeführt, keine Aktion, die gestartet werden könnte, um die notwendige Bewußtseinsveränderung hervorzubringen. Sie kann nur durch die Bürger selbst zustande gebracht werden. Es kommt wirklich auf uns an, auf jeden einzelnen von uns.

(1996)

Macht wird zu Ohnmacht

In unserer Zeit, in der die Macht und nicht der Geist im Zentrum steht, hat man sich so daran gewöhnt, militärisches Potential und ökonomische Potenz als die entscheidenden Faktoren anzusehen, daß die Bedeutung von Geist und Kultur in den Hintergrund getreten ist. Jahrhundertelang aber war es der Geist, welcher der Politik den Anstoß gab.

Nicht das politische System ist das Primäre. Es ist viel eher das Endprodukt eines langen Prozesses, an dessen Anfang gesellschaftliche, moralische und kulturelle Traditionen stehen – eben der Geist der Zeit. Die Politik ist entscheidend geprägt worden durch die jeweiligen Philosophen der Zeit: Montesquieu, Rousseau, die Aufklärer, die Romantiker, die Marxisten.

Von der Renaissance bis zum Ersten Weltkrieg gab es eine europäische Geistesgeschichte; ständig fand ein Dialog zwischen den großen Geistern der verschiedenen Nationen statt. Luther und Erasmus, später Leibniz, der mit allen Zentren europäischer Wissenschaft und Kultur korrespondierte, dann Goethe und Diderot, Hegel, Schopenhauer und Nietzsche. Natürlich kannte jeder des anderen Schriften – jeder las jeden, hörte jeden.

Bis zum Ersten Weltkrieg gab es diesen Kosmopolitismus, diese europäische Kultur; Goethe sprach häufig von »Weltliteratur«. Dann hörte die internationale Geistesgemeinschaft mit einem Schlag auf. Für Hitler war »Kosmopolit« ein Schimpfwort; er und auch Stalin stellten das Dogma über den freien Geist. Hitlerismus und Stalinismus, Bücherverbrennung und Zensur setzten allem geistigen Leben ein Ende. Nationalismus und Ideologie trieben ihr Unwesen, der Haß wurde organisiert. War dies zwangsläufig? Mußte es so kommen?

Viele Menschen meinen, daß so, wie es in der Geschichte gekommen ist, es eben kommen mußte. Die Frage, ob sich alles in anderer Weise entwickelt hätte, wenn in einem bestimmten Moment anders gehandelt worden oder ein anderer Akteur am Werk gewesen wäre – diese Frage stellt sich für sie gar nicht.

Ein anderer Akteur? Stellen wir uns einmal vor, Adolf Hitler wäre 1916 an der Westfront gefallen. Dann hätte es vielleicht nach dem verlorenen Krieg in Deutschland ein autoritäres Regime gegeben wie auch in Spanien, Italien, Polen – aber sicher kein Naziregime. Und wenn es keinen Nationalsozialismus gegeben hätte, dann wäre es nicht zum Zweiten Weltkrieg gekommen, und wenn der nicht stattgefunden hätte, wäre Deutschland nicht geteilt worden.

Oder bleiben wir in der Gegenwart. Wenn Gorbatschow nicht das Ruder übernommen hätte, wenn also Breschnjew oder einer seiner alternden Nachfolger heute noch regierten, die Welt sähe ganz anders aus: keine Entspannung und darum keine Abrüstung; kein Pluralismus im Osten, sondern weiter Herrschaft der Kommunistischen Partei; die osteuropäischen Nationen wären nicht souverän, sondern müßten noch immer nach Moskaus Pfeife tanzen. Natürlich gäbe es im ganzen Osten keine Pressefreiheit, keine Freiheit der Religion und die Mauer zwischen DDR und Bundesrepublik stünde bis heute.

Der Historiker Thomas Nipperdey sagt, es sei eine fundamentale Wahrheit, daß der geschichtliche Prozeß nicht voll determiniert ist, ehe das zu erklärende Ereignis – also beispielsweise der derzeitige Wandel aller politischen Strukturen – eingetreten ist. Denn, so fährt er fort, es gibt in der Geschichte das Element der Kontingenz, das heißt des Nicht-Notwendigen, also des Zufälligen; und exzeptionelle Persönlichkeiten, so meint er, seien herausragende Fälle solcher Kontingenz.

Wenn das so ist, dann ist die Verantwortung der Handelnden noch viel größer, als gemeinhin angenommen wird. Dann ist es das Versäumnis derjenigen, die eine Gelegenheit nicht beim Schopf ergreifen, dann ist es, beispielsweise, geradezu sträflich, den Osteuropäern, die zur Demokratie entschlossen sind, nicht mit allen Kräften rasch und nachhaltig zu helfen.

Vierzig Jahre lang hat der Westen dafür gekämpft, daß der Kommunismus zunächst aufgehalten wurde (Kennans *containment*) und danach zurückgedrängt werden sollte (Foster Dulles' *rollback*). Jetzt ist beides Realität geworden. Um diese einzigartige Situation hervorzubringen, die diesen Sieg schließlich möglich gemacht hat, war das Zusammentreffen zweier Kontingenzen notwendig, das sich vermutlich so nie wieder ereignen wird: das Erscheinen einer exzeptionellen Persönlichkeit, also Gorbatschows, und das Entstehen einer revolutionären Situation, die Lenin immer dann gegeben sah, »wenn die da unten nicht mehr wollen und die da oben nicht mehr können«.

Mit anderen Worten: Was wir jetzt allenthalben beobachten, ist der dialektische Umschwung von Macht zu Ohnmacht. Die hunderttausend bisher ohnmächtigen Menschen, die in Dresden, Leipzig und Berlin schweigend durch die Straßen zogen, ohne daß sie Gewalt auch nur angedroht hätten, verwandelten sich plötzlich in eine die Machthaber beängstigende Potenz. Honecker mußte seinen Posten räumen, das Politbüro verschwand, und die Partei war entmachtet.

Warum aber das dialektische Gesetz bemühen? Weil es einem Gesetz gleichkommt, daß eine Entwicklung, wird sie bis zur Absurdität vorangetrieben, an einem nicht vorhersehbaren Punkt in ihr Gegenteil umschlägt. Nicht vorhersehbar, weil Menschen nun einmal unberechenbar sind; niemand kann sagen, wie lange sie etwas ertragen – oder auch: wie lange sie etwas verehren.

Jahrzehntelang hatten die beiden Supermächte sich gegenseitig zur Hochrüstung angestachelt. In den Vereinigten Staaten wurden zuletzt jedes Jahr 300 Milliarden Dollar für Waffen ausgegeben, die in zehn Jahren wieder verschrottet werden mußten, was wiederum zehn Prozent der Kosten ihrer Herstellung verursachte. Nicht viel anders sah es in der Sowjetunion aus. Derweil sind auf beiden Seiten die Schulden immer drückender geworden; Erziehung, Wohnungsbau und soziale Belange wurden immer erschreckender vernachlässigt.

Als dann schließlich Gorbatschow – die exzeptionelle Persönlichkeit, von der Nipperdey spricht – auf der Bühne erschien, die Welt mit neuen Augen betrachtete, den Unfug erkannte und beim Namen nannte, da war der Punkt erreicht, an dem ein Umschlag erfolgen mußte. Denn gleichzeitig wurde nun auch den Bürgern klar, daß eine Revolution des Denkens eingesetzt hatte, die eine Reform der Strukturen ermöglichte. Und so rebellierten sie denn.

Für die Vergangenheit läßt sich dieser Ablauf unschwer nachweisen. Was aber bedeutet dieses »Gesetz« für Gegenwart und Zukunft?

Heute ist man damit beschäftigt, das Ideal der Marktwirtschaft auf den Kaminsims der Nation zu stellen, dorthin, wo bisher im Osten die Götzen Marx und Lenin standen. Alle – der Osten, der Westen und die Dritte Welt – huldigen diesem neuen Gott. Alle verehren die Marktwirtschaft, die vorläufig in der Tat eine unübertroffene wirtschaftliche Methode ist, aber eben nur eine Methode, ein System. Doch schon gibt es Adoranten, die sie zum Inhalt und Sinn des Lebens schlechthin machen. Auch hier wird eines Tages ein Umkehrprozeß einsetzen – sei es aus Überdruß, den die Menschen empfinden, oder wegen einer Fehlentwicklung, die die Wirtschaft nimmt.

Wir wissen: »Der Mensch lebt nicht vom Brot allein.« Ohne den geistigen Dialog, ohne Widerspruch und Zweifel, ohne These und Antithese verkümmern die Menschen zu Apparaturen, wird die Welt zu einer geistigen Wüste.

(1991)

Erst kommt das Geld – dann die Moral

»Ein Krebsgeschwür frißt an der westlichen Gesellschaft, und das heißt Korruption«, erklärte Senator Frank Church, der Vorsitzende des US-Senats, bei der Beendigung der Hearings zur *Lockheed*-Affäre. Ist das wirklich so? Hat es nicht zu allen Zeiten und in allen Gesellschaftssystemen Korruption gegeben?

Im Verlauf jener *Lockheed*-Untersuchung stellte sich heraus, daß der größte private Waffenproduzent der Welt von 1970 bis 1975 für »Beraterhonorare« und »Provisionen« 200 Millionen ausgegeben hatte; man nimmt an, daß zehn bis 15 Prozent dieser Summen für Bestechungen verwandt worden sind. Die Korruptionsprozesse in der Bundesrepublik sind da vergleichsweise bescheiden. In den frühen Jahren, 1959/60, ging es um Leihwagen, die die Firma Mercedes in großer Zahl an Offiziere und Angestellte des Koblenzer Bundeswehrbeschaffungsamtes kostenlos vergeben hatte. Damals zeigte sich die *ZEIT* in einem Leitartikel: »Staatsdiener oder wessen Diener?« tief empört über die Korruption eines Obersten Löffelholz und anderer; dabei entsprach sein Fall einem Gegenwert von weniger als 1500 Mark.

Mittlerweile sind wir stärkeres Kaliber gewöhnt. Bei der Neuen Heimat haben die Chefs ihr gewerkschaftliches Sozialunternehmen nicht nur durch schlechtes Management ruiniert, sondern auch durch einträgliche Privatgeschäfte über Strohmänner erheblich geschädigt. Es heißt, sie hätten etwa 100 Millionen Mark für sich beiseite geschafft. Zwischen diesen beiden Markierungen liegen eine Reihe von Fällen, die weniger mit Bereicherung als mit betrügerischem Streben nach politischer Macht zu tun haben, liegt auch der Parteispenden-Dschungel, den die Firma Flick veranstaltet hat. Und nun der Libyen-Skandal, der eine Kategorie für sich darstellt.

Man kann sich des Eindrucks nicht erwehren, daß die Skandalwellen allenthalben höher schlagen und immer rascher aufeinander folgen. Nehmen wir nur die letzten Monate. Wenn man in die Runde blickt, kommt einen das kalte Grausen an.

In Österreich läuft zur Zeit der politische Untersuchungsausschuß in Sachen *Lucona* gegen Udo Proksch, einen Gesellschaftslöwen, Geschäftemacher und Gründer des mysteriösen »Club 45«. Der Untergang der *Lucona*, bei dem es um eine Versicherungssumme von 212 Millionen Schilling geht – Proksch ist wegen Mord- und Betrugsverdacht angeklagt –, zieht immer mehr Politiker und Geschäftsleute mit in den Abgrund.

Vor kurzem sind im Zusammenhang mit diesem Verfahren Innenminister Karl Blecha und der Parlamentspräsident Leopold Gratz zurückgetreten. Ins Zwielicht geraten ist auch die der konservativen ÖVP nahestehende »Bundesländerversicherung«, bei der Proksch nach dem Untergang der *Lucona* 30 Millionen Mark reklamierte. Der Vorgänger des heutigen Generaldirektors Kurt Ruso wurde übrigens im Januar 1986 abgesetzt, weil er das Unternehmen durch fingierte Schadensmeldungen um rund 22 Millionen Mark geschädigt hatte. Die der sozialistischen SPÖ nahestehende »Wiener Städtische Versicherung« ist ebenfalls im Gerede.

Die *Lucona* war ein 1200-Tonnen-Frachter, der unter panamaischer Flagge im Januar 1977 auf der Fahrt von Venedig nach Hongkong im Indischen Ozean »bei schönstem Wetter« plötzlich explodierte und sofort sank. Sechs Seeleute fanden dabei den Tod. Seine Fracht: Angeblich eine teure Uranerz-Aufbereitungsanlage – in Wirklichkeit offenbar nur Schrott. Die vermeintliche Verkäuferin stellte sich als Scheinfirma heraus, der angebliche Käufer in Hongkong als Pelz- und Handtaschenhändler.

Zur gleichen Zeit läuft in Wien der Prozeß Rabelbauer. Rabelbauer ist ein Vorarlberger ungarischer Abkunft, der dem österreichischen Staat 100 Millionen Mark Steuern schuldet und angeblich drei Wiener Banken um 50 Millionen Mark betrogen hat. Noch ist der AKH-Skandal nicht vergessen – das Allgemeine Krankenhaus war veranschlagt auf 100 Millionen Baukosten, hat aber mehr als sechs Milliarden Mark gekostet – davon 300 Millionen an Schmier- und Schmerzgeldern. Und schon gibt es wieder einen neuen Bauskandal, den des Zentralarchivs. Bei dieser Gelegenheit sollen 100 Millionen Schilling an Briefkastenfirmen auf den Bahamas und nach Liechtenstein verschoben worden sein.

Selbst die biedere Schweiz hat in diesen Wochen ihren Korruptionsskandal, allerdings gleicht dieser mehr einer Tragödie: Elisabeth Kopp, die erste weibliche Ministerin, eine beliebte, ebenso kompetente wie tüchtige Frau, erfährt als Chefin des Justiz- und Polizeidepartments, daß gegen die Finanzfirma, bei der ihr Mann – ein dubioser Wirtschaftsanwalt – Aufsichtsrat ist, ein Ermittlungsverfahren schwebt. Die Firma steht im Verdacht, Geld aus Drogengeschäften reinzuwaschen. Frau Kopp warnt ihren Mann, gibt dies unter Druck nach und nach zu und wird wegen Mißbrauch des Amtsgeheimnisses abgesetzt.

Auch Frankreich hat in diesen Tagen seine Affäre, aber nach französischer Tradition wird sie wohl ungesühnt versanden. Sachverhalt: Der französische Aluminium-Konzern Pechiney beschließt, die amerikanische Verpackungsfirma ANC zu kaufen. Niemand weiß davon, aber siehe da, zwei Franzosen, zwei französische und eine luxemburgische Maklerfirma fassen plötzlich den Entschluß, die Aktien zum Börsenkurs von zehn Dollar zu kaufen und sie nach erfolgter Fusion kurz darauf für 56 Dollar wieder zu verkaufen. Die beiden Franzosen, Max Théret, der 32 000 Aktien kaufte, und Patrice Pelat, der es nur auf 10 000 brachte, sind beide Freunde von Präsident Mitterrand und eng mit den Sozialisten liiert, die inzwischen auch Gefallen am Kapitalismus gefunden haben.

Desgleichen ist involviert Boublil, Kabinettsdirektor des Finanzministers Bérégovoy, der Ende Januar demissioniert hat. Boublil war angeblich auch beteiligt an dem Versuch des Finanzministers, die unter Chirac privatisierte Bank *Société Générale* wieder zu verstaatlichen. Auch in diesem Fall kam es zu einem Insider-Aktiengeschäft, bei dem Aktien zu 260 Franc gekauft und zu 500 wieder verkauft wurden – ein

Geschäft, bei dem der Staat erhebliche Summen einbüßte.

In Italien handelt es sich bei Korruptionsskandalen – und von denen ist kaum eine Stadt frei, auch die Vatikanstadt nicht – stets um die *tangenti,* Bestechungsgelder, mit denen Bau- und Industriefirmen sich um öffentliche Aufträge bemühen. Der Mailänder Bauunternehmer Bruno de Mico sagte im vorigen Jahr vor einer Untersuchungskommission in Genua aus, er habe, um den Auftrag zum Bau neuer Gefängnisse zu erhalten, 13,7 Millionen Mark Schmiergelder bezahlen müssen. Telephonisch hätten Ministerialdirektoren bei ihm die Bestechungsgelder angefordert.

Auch die Griechen tragen zum Kolossalgemälde der Skandale bei. Gegen den Waffenhändler Louvraris, einen engen Freund des Ministerpräsidenten Papandreou, ist soeben ein Strafverfahren wegen Hehlerei eröffnet worden. Grund: Er ist ein naher, offenbar mittätiger Freund des ehemaligen Chefs der Bank von Kreta, Koskotas, der eine Milliarde Mark unterschlagen haben soll und in den Vereinigten Staaten im Gefängnis sitzt.

In Japan geht es ebenfalls hoch her. Drei Minister mußten gerade das Kabinett verlassen; auch der Chef von NTT *(Nippon Telegraph and Telephone),* eine der größten Firmen Japans, trat zurück. Viele führende Politiker, 76 an der Zahl, darunter allerhöchste Amtsträger sowie 16 Abgeordnete beider Parteien, sind in Insider-Geschäfte verwickelt. Zusammen sind sie mit 165 Millionen Dollar von einer Immobilienfirma, *Recruit Cosmos,* geschmiert worden. Der *Economist* merkt dazu an: »Wenn einer geht, müssen alle gehen. Das aber würde zwei oder drei Generationen potentieller Ministerpräsidenten eliminieren.« In dieser Woche wurden nun zwei Direktoren von NTT verhaftet, wie auch zwei führende Personen der *Recruit Cosmos*. Es mag durchaus sein, daß schließlich auch noch die Regierung stürzt.

Japan macht besonders deutlich, wo die Gefahren für die heutige Industriegesellschaft liegen: Zuerst konkurrieren die einzelnen Firmen im nationalen Bereich mit allen Mitteln gegeneinander, und dann beginnt die Konkurrenz auf Leben und Tod im internationalen Bereich. Da ist oft jedes Mittel recht.

In der vorigen Woche erfuhr man, daß in Amerika von 3000 Sparkassen-Banken 1000 mehr oder weniger pleite sind. *US-News and World Report* schrieb: »Die Verluste steigen jeden Monat um rund eine Milliarde Dollar.« Präsident Bush sprach von »kriminellen Sparkassen-Managern«, von »verantwortungsloser Ausleihung und Betrug«. Als der *Spiegel* vor zwei Wochen den bekannten Historiker Arthur Schlesinger fragte, was er von der eben abgetretenen Administration halte, sagte dieser: »Es war eine unehrliche Regierung, eine Regierung von Gaunern und Dieben.«

Wie ist das alles möglich? Liegt es daran, daß viele Menschen heute nur noch *ein* Interesse haben: die Maximierung ihres Einkommens – daß also nicht mehr das Sein, sondern nur noch das Haben zählt? In der Geschichte hat es immer Autoritäten gegeben, die das Tun und Trachten der Leute eingegrenzt haben. Mindestens gab es Sitte und Konvention – und es gab Empörung, wenn diese nicht eingehalten wurden. Zum ersten Mal gibt es nichts von alledem – nur grenzenlose Freiheit, als ob dies das Wesen der Demokratie sei.

Es gibt Ziele, ja. Aber wenn es keine höheren Ziele gibt als den Lebensstandard, keine andere Meßlatte für Leistung, Ansehen, Wohlbefinden als das Einkommen, dann gnade Gott unserer demokratischen Lebensform.

(1989)

Zur Raffgesellschaft degeneriert?

Mit dem Ausbruch von lang aufgestautem Rassenhaß in Los Angeles machte sich der Zorn über die soziale Benachteiligung der Schwarzen Luft. Da zeigte sich, daß der Markt, der angeblich die optimale Lösung für alle garantiert, dazu keineswegs in der Lage ist.

Es geht vor allem auf sozialem Gebiet nicht ohne staatliche Einwirkung, wie man in Amerika sieht, wo in den vergangenen zehn Jahren die Reichen um zwanzig Prozent reicher, die Armen um zehn Prozent ärmer wurden.

Auch im Osten geht es, mindestens in der Übergangsphase, nicht ohne Lenkung. Bisher wurde der Staat dort als Unterdrücker empfunden, nun ist er zum Adressaten der angestauten Erwartungen geworden. Die Folge: Abrupte Preisfreigabe und rasant wachsende Arbeitslosigkeit zeitigten maximierte Enttäuschung und minimierte Leistung.

Der plötzliche Übergang von Unterdrückung zu totaler Ungebundenheit weckt die Sehnsucht nach neuem Sinn und fester Ordnung. Die Frustration, die da entsteht, richtet sich automatisch gegen Liberalität und Demokratie. Sie läßt in manchen der befreiten Länder den Ruf nach dem »starken Mann« erschallen. Schon hat Boris Jelzin erklärt, der Kongreß der

Volksdeputierten, diese »Quatschbude« soll sich nicht einmischen.

Zur Zeit schlägt den Politikern überall in der Welt Mißtrauen entgegen. Der Abscheu angesichts von Korruption, Kriminalität und Egozentrik wächst. Da versteht man, daß es nicht genügt, die Staatsform von Diktatur auf Demokratie umzuschalten, sondern daß die Gesellschaft verändert werden muß.

Auch unsere Gesellschaft ist keineswegs vollkommen, selbst wenn sie gern und viel über Menschenrechte und die Würde des Menschen doziert. Beide Prinzipien vergißt sie immer dann, wenn sie sich nicht mit ihren Interessen decken: Hundert politische Gefangene im kommunistischen Polen wurden mit Sanktionen geahndet – aber über 30 000 Schwarze, die ohne Verfahren in Südafrika im Gefängnis saßen, haben sich nur wenige im Westen entrüstet. Ronald Reagan, der Häfen vor der Küste eines fremden Landes verminen ließ und vorbeugend erklärte, er werde – sollte er vor ein internationales Gericht zitiert werden – nicht erscheinen, kam ohne Rüge davon. Schließlich zeugten auch die Bomben auf Libyen mitten im Frieden nicht gerade von der Respektierung des Rechts.

Auch bei uns wird gesündigt: Deutschen Firmen, die mit gefälschten Adressen Waffen exportieren, mit denen dann Kurden samt Frauen und Kindern niedergemetzelt werden, oder die Giftgas-Fabriken an Saddam Hussein liefern, kann doch wohl die Würde des Menschen nicht viel bedeuten. Gar nicht zu reden von jenen Londoner Ärzten, die einem türkischen Patienten angeblich den Blinddarm herausoperierten, in Wirklichkeit aber eine Niere entnahmen, um sie zu Transplantationszwecken teuer zu verkaufen.

Unsere westliche Gesellschaft ist zu einer Raff-Gesellschaft degeneriert. Die meisten haben nur noch
ihre eigene Wohlfahrt im Auge. Daran, wie sie das
Wohl der Gemeinschaft mehren können, denken die
wenigsten. Selbst Abgeordnete vergessen, daß sie dem
Gemeinwohl verpflichtet sind, und sorgen erst einmal
für sich selbst. Wer kann da noch Respekt vor den
Politikern haben?

In New York wurden im vorigen Jahr 2200 Morde
registriert. 10 000 Kinder von drogensüchtigen Müttern wurden mit Gehirnschäden und anderen Leiden
allein in Kalifornien geboren. In Deutschland wächst
die Zahl der Drogentoten jedes Jahr.

Wir müssen es schaffen, die Gesellschaft wieder zu
humanisieren und die Gier der Bürger zu zähmen.
Ohne Wandel kann der liberale Rechtsstaat nicht
überleben. Vielleicht brauchen wir eine kleine Kata-
strophe, um die ausufernden Ansprüche der Menschen wieder auf das herkömmliche Maß zurückzu-
stutzen.

(1992)

Freiheit ohne Selbstbeschränkung
führt zur Diktatur

Der Brandanschlag auf die Synagoge in Lübeck war ein Höhepunkt niederträchtiger Brutalität. Gewalt: gezielte, hinterhältige, abgefeimte, wie in diesem Fall, aber auch ungeplante, zufällige, sinnlose Gewalt greift überall und immer mehr um sich. In Kalifornien erschoß kürzlich eine Fünfzehnjährige einen Taxichauffeur, weil er nach ihrer Meinung sieben Dollar zuviel verlangt hatte; ein wegen schlechter Leistung entlassener Arbeiter »exekutierte« aus Rache drei Büroangestellte in der Chefetage; in Euskirchen erschoß einer, der 7200 Mark Buße zahlen sollte, den Richter und vier andere im Gericht Anwesende; Schüler knüppeln Obdachlose zu Tode.

Woher diese Brutalisierung des Alltags? Wieso diese bedenkenlose und unbarmherzige Anwendung von Gewalt, die es bei uns in dieser Form zuvor nicht gegeben hat? Seit Jahrhunderten ist die jeweilige Gesellschaft durch eine bestimmte Ordnung, die auf Tradition und Spielregeln beruhte – natürlich wechselnden Spielregeln –, in der Balance zwischen Freiheit und Ordnung gehalten worden. Meist kam die Freiheit dabei zu kurz, aber immer galt: Traditionen haben gesellschaftsbildende Funktionen – ohne sie hat Gesellschaft keinen Bestand.

Seit der Aufklärung glaubten viele Fortschrittsapostel, wenn der Mensch von allen lästigen Fesseln – kirchlichen, absolutistischen, konformistischen – befreit werde, würde die Gesellschaft ein Optimum an Freiheit genießen können. Aber so ist es nicht. Freiheit ohne Selbstbeschränkung zerstört sich selbst. Die Gesellschaft zerbröselt, wenn der einzelne ungehindert bestimmen kann, wieviel Freiheit er sich nehmen darf.

Jede Gesellschaft braucht Bindungen: Ohne Traditionen und Spielregeln, ohne einen gewissen Konsens über Verhaltensnormen gibt es keine Stabilität im Gemeinwesen, ist ein Zusammenleben in Harmonie nicht möglich. Man muß sich klar darüber sein, daß jeder Zuwachs an Freiheit ein Weniger an Bindungen bedeutet.

Wenn dieser Prozeß sich ungehemmt fortsetzt, dann endet der solcherart entfesselte Mensch zwangsläufig in Hedonismus und Nihilismus. Zumal, wenn diese Entwicklung Hand in Hand geht mit einer fortschreitenden Säkularisierung, bei der hergebrachte moralische Normen und ethische Gebote in Vergessenheit geraten.

Am deutlichsten sehen wir dies im Osten, wo der unvermittelte Sprung aus der autoritären Gesellschaft in die *permissive society* erschreckende Folgen zeitigt. Die bisher unbekannten Möglichkeiten und Versuchungen haben ein erschreckendes Maß an Kriminalität und Korruption erzeugt. In Rußland, so scheint es, besteht die Gesellschaft fast nur noch aus reichen Mafiagruppen und verarmten Massen.

Auch im Westen werden die Spuren nachlassender Bindungen immer spürbarer. Kein Wunder: Nicht nur, daß es kaum noch Traditionen, ethische Fesseln oder moralische Schranken gibt, die das Leben bestimmen, der ganze Lebenszuschnitt ist anders geworden. Die Arbeit wird immer mehr individualisiert, und das heißt, daß Solidarität abgebaut wird; der einzelne ist viel mehr an Selbstverwirklichung und Individualität interessiert als an der Gesellschaft, dem Gemeinwesen oder dem Staat. Eine Menge gesellschaftlicher Bindungen sind also entfallen.

Nun wird kein vernünftiger, also »mündiger« Bürger die Emanzipation des Menschen bedauern. Der Freiheitsgewinn, der darin besteht, daß die Fremdbestimmung durch absolute Herrscher, willkürliche Despoten oder die Kirche gestoppt worden ist und an ihre Stelle der Rechtsstaat – *the rule of law* – trat, ist ein großer Fortschritt. Aber auch der Fortschritt hat seine Grenzen, genau wie die Freiheit, die Bäume wachsen eben nicht in den Himmel.

Diese simple Volksweisheit haben viele vergessen. Heute heißt die Losung: Maximierung. Alles muß größer werden, von allem muß es immer mehr geben, immer mehr Freiheit, Wachstum, Profit, Bruttosozialprodukt. Dynamik heißt das Gesetz der Marktwirtschaft.

Im Bereich der Wirtschaft – die in unseren Tagen den Sinn des Lebens verkörpert, denn Geist, Kultur, Kunst werden ja nicht für existentiell lebenswichtig gehalten – regiert allenthalben das Gesetz des Marktes. Der Motor der Marktwirtschaft aber ist der Egoismus – er treibt zu immer neuen Leistungen an und läßt alles andere nebensächlich erscheinen. Wenn jeder soviel leistet, produziert, verkauft wie irgend möglich, dann – so die Theorie – ist das Optimum an Wohlstand für alle gewährleistet.

Der Erfinder des klassischen Liberalismus, Adam Smith, hat die Theorie keinesweg so simpel positivistisch gemeint. Für ihn waren ethische Bindungen als Begrenzung ganz selbstverständlich. Erst der Manchester-Liberalismus des 19. Jahrhunderts hat den Begriff »liberal« pervertiert. Unser eigenes Land hat dann durch die Einführung der *sozialen* Marktwirtschaft viele der negativen Auswirkungen eliminiert. Aber die Versuchung, Kriminalität und Korruption nicht zu scheuen, wenn es um finanzielle Vorteile geht, ist mit der Überschätzung des Materiellen auch bei uns gestiegen.

Der Brutalisierung der Gesellschaft im sozialen Alltag entspricht im Wirtschaftsbereich die Bedenkenlosigkeit, mit der viele Bürger der meisten Nationen und aller Schichten der Geldgier verfallen sind. Der Erfindungsgeist kennt da keine Grenzen. In voller Blüte steht seit einigen Jahren beispielsweise der Organhandel. In westlichen Gebieten ist die Nachfrage nach »menschlichen Ersatzteilen« und die Bereitschaft, dafür riesige Summen zu zahlen, groß, in den Slums von Indien und der Dritten Welt ist die Bereitschaft, eine Niere zu verkaufen, um zu überleben, ebenfalls groß. Als Vermittler dazwischen stehen nicht nur Händler, sondern manchmal auch Ärzte.

Vor drei Jahren flog in London ein Ärzteteam auf, das jahrelang nichtsahnenden Türken, die in Istanbul angeworben worden waren, ohne deren Einwilligung Nieren entnommen hat. Verdienst »am Stück« etwa 20 000 Mark. Einer der Ärzte, Dr. M. Joyce, sagte vor Gericht: »Ich bin ein Techniker, ich nehme Nieren heraus, das ist alles. Ethische Fragen der Medizin haben mich nie interessiert.« In Südamerika kommt es vor, daß Kinder von der Straße verschwinden, getötet und regelrecht ausgeschlachtet werden.

Ein anderes Beispiel: In der vorigen Woche war in der *Welt* zu lesen, daß der Leiter einer Schule in Polen seit Jahren Kinder nach Schweden in die Ferien schickt, und zwar an einen Ort, wo sie sexuell miß- braucht werden und für Pornofilme herhalten müs- sen. Je Kind, so heißt es, habe der Schulleiter 800 bis 1000 Mark erhalten. Viele der Kinder leiden nach ihrer Rückkehr unter psychischen Schäden.

Niemand möge glauben, daß die Grundvorausset- zungen der Demokratie – Gewaltenteilung, Pluralis- mus, Herrschaft des Rechts – für ihr Funktionieren genügen. Zwar sind diese Strukturen unerläßlich, aber sie reichen nicht aus. Es kommt auf das gesamt- gesellschaftliche Klima an, auf die Gesinnung der Bürger und ihren staatsbürgerlichen Anstand. Institu- tionen und Gesetze allein tun es nicht. Entscheidend ist das Verhalten eines jeden einzelnen.

(1994)

Braucht der Verfassungsstaat Parteien?

Es gibt viele Variationen von Demokratie, aber nur zwei Grundformen:

1. die Präsidiale Demokratie, wie sie in USA besteht,

2. die parlamentarische, wie England sie praktiziert.

In der präsidialen Demokratie der USA wird der Präsident durch Wahlmänner vom Volk gewählt. Es gibt kein Kabinett in unserem Sinne – die Chefs der Ministerien, die Secretaries, unterstehen ihm und sind an seine Weisungen gebunden. Auf Einladung des Präsidenten treten sie gelegentlich zu Kabinettsitzungen zusammen, aber der Präsident ist nicht an ihre Beschlüsse gebunden.

In der parlamentarischen Demokratie Englands wird der Führer der Partei, die über 51 Prozent der Mandate verfügt, Chef der Regierung. Die Regierung wird aber nicht von einem einzelnen geleitet, sondern von einem Kollegium, dem Kabinett. Der Ministerpräsident führt das Kabinett und die Partei; er kann Minister auswechseln und entscheidet praktisch allein über die Auflösung des Parlaments.

Zunächst einmal: Was ist die Idee der Demokratie, wie funktioniert sie und was sind ihre Voraussetzungen? Die Idee der Demokratie ist es, die Identität von Regierten und Regierenden herbeizuführen. Demokratie ist, wie der Name sagt, Herrschaft des Volkes, aber das Volk kann nur mit Hilfe bestimmter Organisationsformen herrschen. Diese müssen so beschaffen sein, daß die Willensbildung – einerseits bestimmt durch den Wahlkampf an der Basis und andererseits beeinflußt durch die Zielsetzung von oben – zu einer Entscheidung integriert wird.

Für die Willensbildung der Bürger sind Zusammenschlüsse an der Basis deshalb notwendig, weil der einzelne als Individuum politisch nichts bewirken kann. Erst, wenn sich viele zusammenfinden, aufgrund ideologischer Motive oder auch aufgrund rein sachlicher Interessen, wird Einflußnahme möglich.

Parteien sind also Gruppierungen Gleichgesonnener, die gewisse Ziele und Überzeugungen gemeinsam haben und sie auch gemeinsam durchsetzen wollen. Jede Partei muß daher ein Programm haben, wie sie sich die Gestaltung der Gesellschaft und der öffentlichen Verhältnisse vorstellt, denn – und das ist wirklich wichtig: Demokratisierung ist Rationalisierung der Macht.

Die älteste Demokratie in unserer historischen Epoche ist die englische. Seit dem 13. Jahrhundert gab es neben dem König eine Versammlung, bestehend aus Adel, Klerus und Bürgern, denen die Entscheidung über die Steuern zustand. Mit der glorreichen Revolution 1688 wurde England eine konstitutionelle Monarchie. Im Parlament saßen von da an zwei Gruppierungen: Die Whigs und die Tories, aus denen sich im Laufe des 19. Jahrhunderts die beiden großen demokratischen Parteien, die Konservativen und die Liberalen, entwickelten. Nach dem Ersten Weltkrieg verdrängte Labour dann die Liberalen, die als Mini-Parteien übrigblieben. Natürlich ist ein Zwei-Parteien-System, wie es in England existiert, deshalb optimal, weil es die klarste Aufgabenteilung zwischen Regierung und Opposition bietet.

In Deutschland gehen die Anfänge der Parteien auf das Jahr 1848/49 zurück. Damals organisierten sich die politischen Strömungen der Frankfurter Pauls-kirche als Fraktionen, die sich dann allmählich zu Parteien auswuchsen.

Wenn die Demokratie, wie heute in Osteuropa, neu eingeführt wird, dann besteht immer die Versuchung, zu viele Parteien zu gründen. Manchmal waren es bei der ersten Wahl 30 Parteien oder mehr, die antraten; aber die, die kein überzeugendes Programm haben, scheiden meist bald wieder aus, so daß im allgemei-nen nicht mehr als ein halbes Dutzend übrigbleiben. Parteien sind für eine Demokratie unerläßlich, ohne sie geht es nicht. Aber dafür, daß es vernünftige Par-teien sind, müssen die Wähler selber sorgen. Seit in den meisten Ländern die Fünf-Prozent-Klausel einge-führt wurde, gibt es dafür eine gewisse Garantie.

Man muß sich klar darüber sein, daß eine freie, offene demokratische Gesellschaft bestimmter Vor-aussetzungen bedarf. Diese sind: Gewaltenteilung, Pluralismus, Parlamentarismus, Toleranz. Das sind die Voraussetzungen, aber sie allein genügen keines-wegs, es kommt darauf an, wie die Bürger sich in dieser Gesellschaft verhalten, was ihre Prioritäten sind, wieviel Rationalität sie aufbringen und wieviel Rücksicht füreinander.

Vielerlei Gefahren bedrohen die Demokratie, Gefahren, die die Willensbildung verfälschen: Lobbyismus, Pressure Groups, Ämterpatronage und Parteienfilz, aber alle diese Gefahren lassen sich in Grenzen halten, wenn die Regierung wachsam ist, die Kontrolle funktioniert und der Bürger nicht nur an sich, sondern auch an das Gemeinwohl denkt. Also: Auch, wenn alle jene Nachteile der Demokratie zu bedenken sind, überwiegen doch bei weitem ihre Vorteile. Der größte und wirklich einzigartige ist, wie schon gesagt, daß die Regierung durch Stimmzettel, also ohne Gewalt und ohne Revolution, abgewählt und eine neue bestimmt werden kann.

Ein weiterer Vorteil der periodisch wiederkehrenden Wahlen besteht in der Gewähr dafür, daß die Macht nicht hemmungslos ausgenutzt werden kann. Schließlich geben Wahlen dem Bürger die Möglichkeit zu direktem Kontakt mit der Politik und den Politikern und dazu, Meinungen kennenzulernen und Argumente zu erproben.

Summa summarum kann man also feststellen, daß die parlamentarische Demokratie die Herrschaftsform ist, bei der die Chance, die Freiheit zu verwirklichen, am höchsten ist. Manche Menschen haben Schwierigkeiten mit dem, wie sie sagen, ewigen Gezänk der Parteien, denn sie wünschen sich Harmonie und Einigkeit, aber diese Schlußfolgerung ist ein Irrtum. Der politische Streit zwischen den Parteien, das Argumentieren, Widersprechen, auch das miteinander Ringen ist die Grundlage der Demokratie.

In Deutschland hat es lange gedauert, bis dies begriffen wurde. Typisch für den Wunsch nach Harmonie war die berühmte Rede Kaiser Wilhelms II. am Beginn des Ersten Weltkrieges: »Ich kenne keine Parteien mehr, ich kenne nur noch Deutsche.« Und auf einer Gedenkmünze zur Wahl Hindenburgs 1925 stand: »Für das Vaterland beide Hände, aber nichts für die Partei.«

Allgemein war die Sorge, daß Staat und Reich »eine Beute der Parteien« werden könnten. Einheit und Überparteilichkeit, das waren die Ideale.

Daß die erste Demokratie – also Weimar, wie wir sagen – scheiterte, lag zum großen Teil genau daran: Niemand wußte damals, was Demokratie ist. Niemand wollte Demokratie, die einen wollten Monarchie, die anderen eine klassenlose Gesellschaft, noch andere einen Ständestaat – alles mögliche, nur keine Demokratie.

Nach dem Zweiten Weltkrieg war das ganz anders. Jetzt gab es nur eine Sehnsucht, das Verlangen nach Recht, und nur einen Wunsch, den nach Freiheit. Im ersten deutschen Bundestag 1949 gab es noch neun Parteien, später dann jahre-, nein jahrzehntelang nur zwei große Parteien, die CDU/CSU und die SPD und daneben nur eine kleine Partei, die FDP. Aber immer noch trat gelegentlich Skepsis gegenüber den Parteien auf. Hauptsächlich weil der Mißbrauch ihrer Möglichkeiten überhand genommen hat und weil die Kombination von Kapitalismus und Säkularisierung das sensible Rechtsempfinden verdrängt hat. Ein Tatbestand, an dem die Marktwirtschaft mit ihrem Druck auf Maximierung von Produktion, Konsumtion und Geldverdienen keineswegs schuldlos ist: Maximierung und nicht Maßhalten heißt die Devise.

Was also muß geschehen? Die Bürger müssen wieder lernen, daß Freiheit nur durch Selbstbeschränkung erhalten werden kann, denn entfesselte Freiheit führt automatisch zum autoritären Regime. Und die Regierung muß lernen, wachsam zu sein. Sie muß begreifen, daß Liberalsein nicht heißt, alles laufen zu lassen, sondern daß sie politische Strukturen setzen muß. In Rußland wird angesichts der sich ausbreitenden Mafia sehr deutlich, was passiert, wenn man ohne solche politischen Strukturen im Kopfsprung aus einer gelenkten Wirtschaft in die freie Marktwirtschaft springt und aus einer autoritären Gesellschaft in die permissive society.

Zur Zeit ist die Verdrossenheit der Bürger bei uns sehr groß, aber ich warne davor, auf die Behauptung hereinzufallen, das sei der Anfang von »Weimar«. Der heutige Zustand hat nichts mit Weimar zu tun. Natürlich muß man sich vor populistischen Demagogen hüten, aber Tatsache ist, daß die heutigen Deutschen unter allen Umständen in einem Rechtsstaat leben wollen, daß sie Pluralismus wollen und Freiheit – mit einem Wort: parlamentarische Demokratie.

Und auch dies ist unbestreitbar: Sie sagen nicht, wir wollen mit Politik nichts zu tun haben, im Gegenteil, sie wollen mehr Partizipation, stärker beteiligt sein und darüber sollte man wirklich nachdenken – vielleicht würden dann auch Solidarität und Gerechtigkeit wieder zu ihrem Recht kommen.

(Vortrag in Moskau 1996)

Grenzen der Freiheit

Die Presse – ein Spiegelbild der Gesellschaft

Korruption und Gewalt, das scheinen die Kennzeichen unserer Zeit zu sein. Der Regisseur Oliver Stone, der in seinem Film »Natural Born Killers« einen Serienmörder zum Helden stilisiert, sagte in einem Interview mit dem *Spiegel*: »Unser Jahrhundert gehört den Massenmorden, den anonymen Genoziden in der Türkei, der Sowjetunion, in Deutschland, Kambodscha, China. Das zweite ist das Interesse des Publikums am Intimleben von anderen. Je perverser, desto besser – das ist unsere Kultur.«

Eine pessimistische Feststellung, die in dieser allgemeinen Form gewiß nicht zutreffend ist, die aber doch viel Wahres enthält. Vielleicht leistet das Wirtschaftssystem dem hier beklagten Unwesen Vorschub. Denn der Motor der zum Glaubensbekenntnis erhobenen Marktwirtschaft ist die Konkurrenz. Und der Treibstoff für den Motor ist der Egoismus. Bedürfnisse wecken, Nachfrage erzeugen, Konsum stimulieren, das sind die Herausforderungen, vor die der Bürger sich gestellt sieht. Konsum nicht zum Genuß, sondern weil irgendein findiger Produzent dem hilflosen Konsumenten etwas aufdrängt, was der gar nicht haben wollte – das betrifft nicht nur das Verpackungsmaterial.

Wenn alle so viel schaffen, produzieren, leisten, wie sie irgend können, und der Markt alles umsetzt, dann ist der Sinn des kapitalistischen Systems optimal erfüllt. Da der finanzielle Erfolg der Maßstab für alles ist – für Leistung, Ansehen, Lebensstandard –, darf niemand sich wundern, daß Leute ihren Ehrgeiz darauf richten, möglichst viel Geld zu machen. Dabei treten dann automatisch ethische Gesichtspunkte in den Hintergrund, werden störende moralische Schranken beiseite geräumt. Dies gilt für alle Teile der Gesellschaft, nicht nur für die Medien.

Unter diesen nimmt das Fernsehen eine besondere Stellung ein, weil das Bild viel einprägsamer ist als das Wort. Darum ist das Fernsehen stärker beansprucht und größeren Versuchungen ausgesetzt als Zeitungen oder Zeitschriften. Es gibt viele Interessenten, die bemüht sind, die Medien für ihre Zwecke einzusetzen: Industrieunternehmen, die Serien sponsern, oder auch Regierungen, die gelegentlich versuchen, Informationen zu manipulieren. In Erinnerung ist geblieben, wie Präsident Bush im Golfkrieg bemüht war, die Presse zu zensieren und Situationen zu inszenieren, die mit Hilfe von CNN als Realität ausgegeben wurden.

Adenauer wollte seinerzeit ein Informationsministerium errichten, um die Presse zu disziplinieren, und 1960 hatte er die Absicht, ein als GmbH getarntes Staatsfernsehen ins Leben zu rufen. Als nach langen Diskussionen das Bundesverfassungsgericht dagegen auftrat, mußte er den Plan aufgeben.

Ein zusätzliches Moment der Gefahr und ganz neue Versuchungen sind durch die Zulassung des werbeabhängigen Privatfernsehens eingetreten. Seit die Zu-

schauer Dutzende von Programmen einschalten können – im Jahr 2000 wird es angeblich über hundert
TV-Kanäle geben –, ist die Konkurrenz um Einschaltquoten zum Existenzkampf schlechthin geworden.
Entscheidend für das Programm aber ist die Frage:
Was kommt beim Publikum am besten an? Und da
stellt sich dann heraus, daß mit Klatsch, Enthüllun-
gen, Skandalen, Sex und Horror die höchsten Einschaltquoten zu erzielen sind.

Dies ist besonders bedauerlich, weil viele Kinder
solche Sendungen sehen. Aus einem Bericht der American Psychological Association geht hervor, daß ein
Jugendlicher bis zu seinem fünfzehnten Lebensjahr
durchschnittlich 8000 Morde und 10 000 Gewalt-
akte gesehen und insgesamt mehr Stunden vor dem
Fernseher zugebracht hat als in der Schule.

Daß dies zu einer Verwilderung der Begriffe und
Sitten führt, ist klar, aber daß dafür die Medien allein
verantwortlich gemacht werden, ist zweifellos unbe-
rechtigt. Die Frage bleibt doch, wer ist an diesem
Teufelskreis schuld: das unbeschränkte Konkurrenz-
system, der Publikumsgeschmack, oder sind es die
Fernsehanstalten?

Im Wesen des Fernsehens liegt ferner eine Bedin-
gung, der die Printmedien nicht im selben Maße ausgesetzt sind. Die Kollegen vom Fernsehen sind im
Grunde auf den Zufall angewiesen, nämlich darauf,
ob sie im richtigen Moment an der richtigen Stelle
sind, um zutreffende Informationen festzuhalten. In
Bosnien waren die Berichterstatter zunächst stets an
den Stellen, an denen die Serben Greuel verübten. So
wurde der Eindruck vermittelt, daß allein die Serben
Verbrechen begehen. Erst mit der Zeit stellte sich

heraus, daß Kroaten und Muslime ebenso unmenschlich mit der Zivilbevölkerung umgehen wie die Serben.

Auch in anderer Weise ist das Fernsehen irreführend. Jahrelang waren alle Filmkameras auf den Libanon gerichtet, eines Tages aber erschien der Krieg zwischen dem Iran und dem Irak interessanter, vom Libanon hörte man nichts mehr. Die Zuschauer meinten begreiflicher, aber fälschlicherweise, dort sei jetzt alles in Ordnung. So geschieht es oft, wichtige Schauplätze von Konflikten – Sudan, Uganda, Angola – werden ganz ausgeblendet. Auch die Printmedien, die meist gezwungen sind, dem Fernsehen zu folgen, berichten über diese weißen Flecken zu wenig.

Die schreibenden Journalisten sind besser dran, weil sie nicht so abhängig vom Zufall sind. Die bei der Boulevardpresse Beschäftigten unterliegen allerdings ähnlichen Gesetzen wie ihre Kollegen vom Fernsehen. Die anderen Journalisten aber können systematisch recherchieren, sie können diskutieren und nachdenken. Doch auch sie sind nicht ganz frei, denn sie sind sowohl subjektiv persönlich wie auch objektiv atmosphärisch vom allgemeinen Klima abhängig. Das Klima aber wird nun einmal bestimmt von gewissen Denkschemata, vor allem aber von Feindbildern.

Das Bedürfnis, Feindbilder zu beschwören, entspringt offenbar urmenschlichen Bedürfnissen. In primitiven Gesellschaften wird versucht, mit Hilfe von Feindbildern die Solidarisierung gegenüber dem Nachbarstamm sicherzustellen; in hochentwickelten Industriestaaten, wie beispielsweise in Amerika, sind die Anlässe zwar andere, aber die Motive sehr ähnlich: Jahrelang wurden dort blutrünstige Schreckensbilder von den Sowjets entworfen, um den Bürgern vor Augen zu führen, wie wichtig die Aufrüstung ist, und ihnen klarzumachen, warum sie zusätzliche Steuern zahlen müssen. Solche Horrorbilder lassen sich gewöhnlich nur schwer beseitigen. Denn die Regierungen werden mit der Zeit Opfer ihrer eigenen Propaganda und halten ihre selbststilisierten Feindbilder schließlich für die Wirklichkeit. Die Bürger einschließlich der Journalisten können sich davon auch nur schwer frei machen.

1993 wurden in Holland die fünfzehn- bis neunzehnjährigen Jugendlichen nach ihrer Meinung über die Deutschen befragt. Mehr als fünfzig Prozent erklärten, ihre Nachbarn seien beängstigend militaristisch. Sie glaubten dies, obgleich nicht sie, sondern ihre Großväter die deutsche Invasion und Besetzung hatten erleiden müssen. Jene Feindbilder von vor fünfzig Jahren sind in den jungen Köpfen der Niederländer noch immer lebendig, ungeachtet der monatelangen deutschen Diskussion um die Aufstellung von Blauhelmen; auch haben sie sicherlich wahrgenommen, daß die Deutschen während des Golfkriegs Drückeberger gescholten wurden.

Obgleich also der Vorwurf des Militarismus reichlich überholt ist, ist das überkommene Feindbild noch immer stärker als die von den Jugendlichen selbst erlebte Realität. Man kann sich leicht vorstellen, daß in solchem Klima auch Journalisten nicht ganz frei von jenen Vorstellungen sein können.

Eine neue, sehr handgreifliche Gefahr droht angesichts der wachsenden Konzentration im Pressewesen; in Deutschland gibt es zwei große Mediengruppen, Kirch/Springer und Bertelsmann RTL, die den

Medienmarkt beherrschen. Sie haben heute schon spürbaren Einfluß auf die öffentlich-rechtlichen Systeme ARD und ZDF. Aber auch hier fällt einem wieder als erstes Italien ein. Dort sind meist Industrielle die Eigentümer der Zeitungen, was automatisch dazu führt, daß die Industrie eher schonend behandelt wird.

Seit der Medien-Tycoon Berlusconi Regierungschef geworden ist, droht der Einzug dieser spezifischen Korruption auch in die Politik. Berlusconi hat einmal die Forderung gestellt, das staatliche Fernsehen dürfe nicht gegen die Generallinie der Regierung sein. Da ihm die drei wichtigsten italienischen Fernsehanstalten gehören, kann man sich leicht vorstellen, wohin solche Richtlinien führen können.

In Deutschland sind in jüngster Zeit mancherlei Klagen aus ähnlichen Gründen laut geworden. Wie es heißt, bevorzugt der erfolgreiche Sender Sat 1, an dem Springer 20 Prozent und Leo Kirch 43 Prozent besitzt, sehr deutlich die CDU und auch den Kanzler selbst, sowohl durch Kommentare wie auch mit Hilfe privilegierter Sendungen (»Zur Sache, Kanzler«).

Nach dem Prinzip »Den letzten beißen die Hunde« wälzen die Politiker kurzerhand alle Schuld an den unerfreulichen Zuständen auf die Journalisten ab: Sie sprechen von Schmuddel- und Schnüffeljournalismus, vom Scheckbuchjournalismus, der die Redakteure und Reporter zu Handlangern von Interessen macht.

Es heißt ferner, die Kommentare der Journalisten seien mit Fleiß grundsätzlich gegen »die da oben« gerichtet. Sie hätten, so heißt es, mit ihrer negativen Einstellung einen Erosionsprozeß der Demokratie eingeleitet; sie seien es mithin, die für die wachsende Politikverdrossenheit verantwortlich sind. Viele Bürger stimmen ein in diesen Chor, ohne sich Rechenschaft darüber zu geben, daß ihre skandalsüchtige Nachfrage auf dem Markt der Medien viel zu den unerfreulichen Zuständen beigetragen hat.

Wie stellt sich der Bürger denn nun den »guten« Journalisten vor? Doch wohl in etwa so: neugierig, offen, also ohne Vorurteile, objektiv, jede interessengebundene Fremdbestimmung ablehnend, der Verantwortung seines Berufes bewußt, ein engagierter Spürhund auf der Suche nach der Wahrheit. Viele Journalisten haben diese Ideale zum Kompaß, aber es gibt eben auch solche, für die Ruhm und Karriere höher stehen als alles andere – sie lassen sich leicht zu unverantwortlichem Tun hinreißen.

So auch jener Journalist, der in der Barschel-Affäre von der Idee besessen war, einen Exklusivcoup aus der Geschichte des schleswig-holsteinischen Ministerpräsidenten zu machen, der offenbar in der Badewanne eines Genfer Hotels Selbstmord begangen hatte. Anstatt sofort die Polizei zu rufen oder einen Arzt, der hätte diagnostizieren müssen, ob der Tod bereits eingetreten war, hat dieser Journalist erst einmal fotografiert und die auf dem Schreibtisch herumliegenden Papiere durchwühlt.

Ein anderes Beispiel lieferte 1988 das Gladbecker Geiseldrama. Damals hatten zwei Bankräuber in der Filiale der Deutschen Bank in Gladbeck Geiseln genommen, mit denen sie tagelang quer durch Deutschland und Holland rasten. Drei Menschen kamen dabei ums Leben. Die Polizei, die Fehler gemacht hatte, verfolgte die Flüchtigen, behindert durch eine große

Anzahl Journalisten, die in das Geschehen eingriffen. Schließlich ging es so weit, daß die Gangster nur noch bereit waren, über die Journalisten mit der Polizei zu verhandeln.

Zur Zeit ist eine interessante Klage beim Bundesverfassungsgericht anhängig: Der *Spiegel* hatte 1993 eine Story über Oskar Lafontaine – die sogenannte Rotlicht-Affäre – gedruckt, die offenbar zum Teil auf Unterstellungen beruhte. Die saarländische SPD hat daraufhin ein neues Pressegesetz durchgesetzt, welches das Gegendarstellungsrecht verschärft. Dagegen hat wiederum der Journalistenverband Klage beim Bundesverfassungsgericht eingereicht.

Aber es gibt natürlich auch positive Marksteine, die Journalisten mit richtigem Gespür, mit Ausdauer, mit Kühnheit und ausdauernder Recherche errichtet haben. Als 1972 zwei junge Reporter der *Washington Post* einem Einbruch in das Wahlkampfbüro der Demokratischen Partei nachzuspüren begannen, wußte niemand, daß dies zwei Jahre später zum Sturz von Präsident Nixon führen würde. Die Watergate-Affäre hat sich als der größte Politskandal unseres Jahrhunderts erwiesen.

In Deutschland wären vermutlich ohne den *Spiegel* zahlreiche Skandale nie aufgedeckt worden. Die Kontrollfunktion der Presse ist eben unersetzbar – fraglich ist nur, wo die Grenze verläuft zwischen Kontrollfunktion und reiner Lust am Enthüllen und Denunzieren, um der Auflage oder der Einschaltquote willen.

Was kann man tun, um diese Grenze zu markieren? Antwort: Wahrscheinlich gar nichts, denn jeder Fall ist anders. Man kann also keine Kasuistik aufstellen, man kann auch nur schwer Kriterien postulieren für das, was erlaubt oder nicht erlaubt ist. Mit Verboten ist dem Problem ohnehin nicht beizukommen, denn jede Form von Pressezensur wäre antidemokratisch und birgt überdies die Gefahr in sich, daß sie irgendwann mißbraucht wird; auch muß man bedenken, daß manch einer ohne Angst vor dem *Spiegel* es noch schlimmer treiben würde.

Das einzige, was man sich vorstellen könnte, ist eine Selbstkontrolle der Verlage und Fernsehanstalten. In Deutschland ist am Anfang der Bundesrepublik versucht worden, dies durch Gründung des Presserats zu erreichen. Das Ergebnis war enttäuschend, der Presserat hat nichts zu bewirken vermocht.

Inzwischen hat das Problem einer Kontrolle der Medien infolge des privaten Fernsehens und der Enthemmung des Massenpublikums Dimensionen angenommen, die mit naiven Maßnahmen, wie der Presserat sie vorsieht, nicht bekämpft werden können. Ich möchte hoffen, daß es gelingen wird, Mittel und Wege zu ersinnen, wie dem wachsenden Übel beizukommen ist.

(1994)

Aus der Werkstatt der ZEIT

Ein Blick in das Innenleben einer liberalen Zeitung

Ich habe lange überlegt, welches Thema für die Verleihung des Heinrich-Heine-Preises wohl geeignet sein könnte. Schließlich habe ich mir gesagt, wenn die Stadt Düsseldorf so großzügig ist, diesen bedeutenden Preis einem ephemeren Journalisten zu verleihen und nicht einem Künstler, der doch für die Ewigkeit schafft, oder einem Historiker, der in Jahrhunderten denkt, dann sollte ich vielleicht die Gelegenheit ergreifen und einmal die Aufgaben schildern, die Begrenzungen und Anfechtungen, die heute diesen Beruf ausmachen und begleiten.

Heine selbst war ja neben allem anderen auch Journalist – verzweifelt über Zensur und Repression, ging er 1831 als Korrespondent der *Augsburger Allgemeinen Zeitung* nach Paris. Übrigens beweisen seine Klagen und der Ärger darüber, wie seine Artikel in der Redaktion »mancherlei bedenkliche Umänderungen erleiden«, daß sich in 150 Jahren in diesem Metier nicht viel geändert hat.

Journalismus, das ist ein weitgespannter Bogen, unter dem ganz verschiedene Kriterien gelten, je nachdem, ob es sich um Boulevardblätter oder um Meinungspresse handelt, um Provinzblätter, überregionale oder internationale Zeitungen. Ich vermag nur aus der Werkstatt einer liberalen Wochenzeitung zu berichten – einer Zeitung also, die versucht, neben der Information auch über den Tag hinaus die großen Linien der Entwicklung zu analysieren, sie zu kommentieren, Argumente gegeneinander abzuwägen, sich in die Situation der Beteiligten zu versetzen und diese darzustellen.

Lassen Sie mich zunächst einmal kurz umreißen, was mit »liberal« gemeint ist. Nicht gemeint ist liberal im Sinne einer politischen Partei; gemeint ist vielmehr Liberalismus als Geisteshaltung, als Lebensauffassung, als Verhalten im Alltag.

Im Liberalismus steckt immer auch ein Element des Kontradiktorischen, denn alles Geistige existiert im Widerspruch, nur durch Widerspruch läßt sich die Wahrheit finden. Widerstand ist notwendig, nicht nur gegen die Macht einer absolutistischen Regierung, sondern im Gegenhalten gegen die herrschenden Moden der Zeit; auch gehört das Relativieren der sich absolutistisch gebärdenden jeweiligen Ideologien – gleichgültig, ob es sich nun um kirchliche Orthodoxien, Freudsche Monokausalität oder um einen verspäteten Neomarxismus handelt. Das Wesen des Liberalismus und zugleich die Voraussetzung für die ihm zugrunde liegende Toleranz ist es darum, abweichende Ideen nicht als Häresien zu diffamieren und Kritik an Bestehendem nicht als Ketzerei zu verfolgen, sondern die Minderheiten zu schützen und Offenheit zum Gegensätzlichen zu praktizieren.

Für einen Liberalen kann nicht, wie für den Konservativen, der Wille zum Bewahren an erster Stelle stehen; er muß, im Gegenteil, immer wieder alles von neuem durchdenken, es verwandeln, einiges ergänzen, manches weglassen, um im Einklang mit der Geschichte zu bleiben, die ja ein Prozeß ist und kein Zustand. Auch die Dogmen und Heilsbotschaften der Linken sind nicht Sache des Liberalen, denn für ihn gibt es kein System, das einen befriedigenden Endzustand garantiert. Im Grunde gibt es nur einen legitimen Platz für den Liberalen: den zwischen allen Stühlen.

Und noch ein ganz wichtiger Grundsatz gilt für den echten Liberalen: Er muß wissen, daß es nicht so sehr auf das Ziel ankommt, weil schließlich jeder meint, hehre Ziele zu haben. Daß vielmehr alles von den Mitteln und Methoden abhängt, mit denen jenes Ziel erreicht werden soll. Noch jede Revolution begann mit dem Versprechen, Freiheit zu bringen, und endete binnen kurzem damit, daß die Befreier zu neuen Unterdrückern wurden.

Aber nun zu der liberalen Zeitung: Wie ist es um deren Führung bestellt – oder hat sie, wie manche Leute meinen, vielleicht gar keine? Kann in einer liberalen Zeitung jeder schreiben, was er will? Führung im Sinne einer Partei, eines Industrieunternehmens oder eines wissenschaftlichen Instituts gibt es nicht. Der Chef einer liberalen Zeitung kann nicht, wie der Bundeskanzler, die Richtlinien der Politik angeben, er kann nur – nein, er muß –: die richtige Personalpolitik treiben. Er muß also Mitarbeiter engagieren, die kompetent sind und deren moralisches und politisches Koordinatensystem dem Geist der Gemeinschaft, die da beisammen ist, entspricht. Dann aber muß er sie gewähren lassen und kann nur hinterher Kritik üben – freilich, wenn nötig auch scharfe Kritik.

Wenn Leser sich hin und wieder beklagen, daß beispielsweise die ZEIT nicht aus einem Guß ist, daß vielmehr der politische Teil liberal, die Wirtschaft eher konservativ und das Feuilleton links sei, dann läßt sich dazu nur sagen, Gott sei Dank ist es so. Wäre es anders, würde dies bedeuten, daß jener böse Spruch wahr ist, der da sagt: »Im Kapitalismus ist Pressefreiheit die Freiheit von 200 Leuten, ihre Meinung zu sagen« – wobei mit jenen 200 Leuten die Eigentümer gemeint sind.

Ein anderer Vorwurf lautet, die liberalen Zeitungen stehen ja gar nicht objektiv in der Mitte zwischen rechts und links, sondern meist ein wenig links von der Mitte. Beweis: Sie regen sich enorm über Entgleisungen der Rechten auf, während sie die Mißgriffe der Linken offenbar halb so schlimm finden.

Dieser Vorwurf trifft gelegentlich zu, aber das getadelte Verhalten erklärt sich unschwer aus der deutschen Geschichte, denn schließlich entstand der Nazismus ja aus einer Pervertierung konservativer Wertvorstellungen und nicht aus marxistischer Ideologie. Darum ist erhöhte Wachsamkeit und scharfe Kritik an Rückfällen in illiberale Grundtendenzen – die es auch vor den Nazis gab – so wichtig.

Man darf nicht vergessen, daß es zu den Aufgaben der Presse gehört, Kontrolle zu üben. Es gibt viele Ecken, in die sonst niemand hineinleuchtet, entweder, weil, wie man sagt, »eine Krähe der anderen nicht die Augen aushackt« oder weil Regierungspartei und Opposition »gemeinsam eine Leiche im Keller haben«.

Viele Fälle von Korruption und Vergehen, deren Aufdeckung und Ausräumung für soziale Hygiene notwendig waren, wären wahrscheinlich ohne den *Spiegel* nie ans Tageslicht gekommen: beispielsweise die Barschel-Affäre. Oder sie wären ohne das permanente Drängen der Presse rasch wieder zugedeckt worden, weil dies im Interesse aller Beteiligten lag, so beispielsweise die Parteispenden-Affäre.

Zur Kontrolle gehört auch, die Bürger davor zu warnen, sich nicht aus Bequemlichkeit oder aus Gewohnheit gewissen Untugenden der Regierung anzupassen. So sollte die Denaturierung der Menschenrechte zur Waffe im Ost-West-Kampf immer wieder kritisiert werden. Der Westen pflegt scharfe Kritik an Polen oder der Sowjetunion zu üben, aber nirgendwo werden heute Menschenrechte gravierender verletzt als in Südafrika, wo im vorigen Jahr 30 000 Schwarze ohne Rechtsverfahren monatelang im Gefängnis saßen und jedes Jahr mehrere von ihnen an den Folgen von Folterungen sterben.

Nicht viel anders ist es in Israel, wo Woche für Woche ein halbes Dutzend Palästinenser den Tod finden. Kürzlich wurden an einem Tag ein zweijähriges Mädchen und ein fünfzehnjähriger Junge erschossen, ohne daß es zu einem Aufstand oder auch nur zu moralischer Entrüstung bei den Freunden Israels kam. Als aber in der gleichen Woche ein israelischer Soldat ermordet wurde, sind, wie die französische Agentur meldet, zur Vergeltung in einem Dorf 114 Häuser dem Erdboden gleichgemacht, 800 Menschen deportiert und einige Brunnen mit Dynamit gesprengt worden.

Zweierlei Maß im eigenen Gesellschaftssystem – dagegen muß es Selbstkritik geben, dagegen muß die

Presse aufstehen. Sie muß die verlogene Methode bekämpfen, die eigenen Rebellen als Freiheitskämpfer zu verherrlichen, die der Gegenseite aber als Terroristen zu brandmarken. Denn, das darf man nicht vergessen, zur politischen Bildung über den Tag hinaus beizutragen, das gehört auch zu den Aufgaben der Presse.

Wie aber kommt es zur Meinungsbildung in der Zeitung, wenn es keine Direktive des Chefs gibt? Die Antwort läßt sich in zwei Worte fassen: durch Diskussion.

In der Ressortkonferenz der Politik – vorbereitend am Freitag und endgültig am Montag – wird das wichtigste Problem der Woche ins Auge gefaßt, respektive »beschlossen«, und dann unter den verschiedensten Aspekten debattiert. Je nachdem, ob es sich um Fragen der Innen-, Außen-, Sicherheits- oder Rechtspolitik handelt, werden die jeweiligen Experten verstärkt in Aktion treten; aber nicht nur sie, sondern alle diskutieren intensiv, auch die jungen Kollegen.

Diskutiert wird, bis ein Konsens sich herausgebildet hat oder bis derjenige, der sich qua Fachwissen als Autor empfiehlt, die Gesichtspunkte der anderen mindestens aufgenommen hat. Ob er sie dann verwendet, bleibt ihm überlassen.

Es kommt aber auch vor, daß bei ganz grundsätzlichen Problemen zwei unversöhnliche Standpunkte einander gegenüberstehen. Dann werden gelegentlich auch beide Meinungen nebeneinander dargestellt. Der Leser soll die Möglichkeit haben, die Argumente Pro und Contra zu prüfen.

Als beispielsweise vor ein paar Jahren in Frankfurt

am Main eine große Kontroverse ausbrach wegen des Fassbinder-Stückes »Der Müll, die Stadt und der Tod«, das die Bauskandale zum Sujet hatte, bei denen Juden eine nicht unwesentliche Rolle gespielt haben, entstand eine solche Debatte. Die Frage war: Darf man so etwas aufführen – ausgerechnet in Deutschland aufführen, auch wenn Artikel 5 des Grundgesetzes Meinungs- und Kunstfreiheit garantiert?

Die erste Position: Die einen sagten: Freiheit der Kunst, das heißt auch Freiheit zur Provokation und zum Irrtum. Erst das Grundrecht auf freie Meinungsäußerung ermöglicht die ständige geistige Auseinandersetzung, die das Lebenselement der Demokratie ist. Wir wollen keinen Staat, in dem die Obrigkeit verordnet, was die Bürger lesen oder sehen dürfen. Und schließlich: Nach so langer Zeit muß es doch möglich sein, ein Stück aufzuführen, in dem eine der Hauptpersonen, »der reiche Jude«, karikiert wird.

Die Gegenposition: Nicht ein bestimmter Jude, Herr X oder Herr Y wird hier karikiert, sondern eine abstrakte Figur, ein Klischee wie im *Stürmer*: der reiche Jude, der »geldgierig, geil und rücksichtslos« ist. Eine der Figuren in dem Stück sagt: »Er saugt uns aus, der Jud. Trinkt unser Blut und setzt uns ins Unrecht, weil er Jud ist und wir die Schuld tragen... Wäre er geblieben, wo er herkam oder hätten sie ihn vergast, ich könnte heute besser schlafen.«

Die Schlußfolgerung dieser Gruppe: Nein, das Stück darf nicht aufgeführt werden. »Auch, wenn es keine Kollektivschuld gibt, wir sind von der Geschichte mit dem Kains-Mal gezeichnet und können nicht so unbefangen handeln wie andere.« Wir entschlossen uns, die beiden divergierenden Meinungen in Form von zwei Leitartikeln auf der ersten Seite abzudrucken.

Ein anderes Beispiel: Die Diskussion um das Problem des Terrorismus. Veranlaßt wurde diese Auseinandersetzung im März 1975 durch die Geiselnahme des Berliner Oppositionsführers Peter Lorenz. Eine Woche lang tanzte die Staatsgewalt nach der Pfeife der Geiselbanditen. Was immer die Kidnapper verlangten, ihre Forderungen wurden erfüllt. Schließlich wurden sie sogar in den Nahen Osten ausgeflogen.

In der *ZEIT* kristallisierten sich damals zwei Meinungen heraus; die einen meinten, auf die Empörung der Bürger über das Verhalten der Regierung antwortend: »Der Staat hat sich doch nicht den Terroristen gebeugt, sondern dem Gesetz, nach dem er angetreten ist, dem Gesetz der Humanität, also der Forderung, daß der Staat für die Menschen da ist, nicht umgekehrt. Besser, daß die Obrigkeit hilflos ist, als daß sie herzlos sei.«

Die andere Seite entgegnete: Ist der Staat wirklich für den einzelnen da? Obliegt es ihm nicht, gerade den Bestand und das Funktionieren der Gesellschaft zu garantieren? Bei der Bonner Entscheidung, als Antwort auf die Erpressung fünf rechtskräftig verurteilte Kriminelle aus dem Gefängnis herauszulassen, geht es doch gar nicht um Humanität, sondern es geht um den Rechtsstaat, also um die Fundamente der Gesellschaft. Diese Seite erinnerte an den preußischen König Friedrich Wilhelm I., der das Kriegsgericht angewiesen hatte, dem Katte, wenn ihm das Todesurteil verkündet wird, zu sagen, daß es dem König leid täte. Aber es wäre besser, daß er stürbe, als daß die Justiz aus der Welt käme.

Auch diese beiden Meinungen wurden gleichwertig nebeneinander abgedruckt.

Die Antwort auf die Frage, wie kommt die Meinung der Zeitung zustande, lautet also: Durch Diskussion, die zum Konsens führt, und wenn der in wichtigen grundsätzlichen Fragen nicht zu erreichen ist, dann läßt man die Vertreter gegensätzlicher Auffassung mit ihren Argumenten zu Wort kommen.

Bleiben folgende Fragen: *Erstens*: Was sind denn die ungeschriebenen Gesetze und Maximen, die das Koordinatensystem der ZEIT bilden? *Zweitens*: Was möchten wir bewirken? Und *drittens*: Auf welche Weise soll dies geschehen?

Zur ersten Frage: Welche Ziele haben wir vor Augen? Neben aktueller Information und Analyse ist es unser Bestreben, immer wieder über die großen Probleme unserer Zeit zu reflektieren und sie von verschiedenen Standpunkten aus zu beleuchten. So haben beispielsweise in einer Serie über Arbeitslosigkeit Wissenschaftler, Industrielle, Gewerkschafter Stellung genommen. In der gleichen Weise werden ständig Probleme der Umwelt behandelt, wie auch Fragen der Sicherheit, und in gewissen Abständen werden die Parteien und ihre Entwicklung immer von neuem durchleuchtet.

Und die Ziele? Vielleicht lassen sie sich so typisieren: Bei Informationsartikeln soll dem Leser gut recherchiertes, möglichst objektives Material zur eigenen Urteilsbildung mitgeliefert werden; wobei zu sagen ist, daß es Objektivität im Sinne absoluter Wahrheit gar nicht gibt – allein die Auswahl dessen, was berichtenswert und was weniger wichtig erscheint, beruht auf individuellen Entscheidungen.

Wer glaubt, der Friede könne nur durch Druck und immer mehr, immer modernere Waffen gesichert werden, wird die Nato zitieren. Wer die Sicherheit durch Entspannung und diese durch politische Abkommen und Abrüstung besser gewährleistet sieht, wird der Gegenseite das Wort geben. Doch so lange es bei der Presse Konkurrenz und Pluralismus gibt, ist selbst, wenn sich hier und da Subjektivität einschleicht, eine freie Meinungsbildung gewährleistet. Soweit die Informationsartikel.

Bei Meinungsartikeln soll nach ausführlicher Diskussion der Schreiber mit offenem Visier – also mit Namen – zustimmen oder kritisieren und begründen, warum er so und nicht anders denkt.

Dabei muß er versuchen, das zu tun, was in der Politik das Schwierigste ist, zu ermitteln und dann zu vermitteln, wo die Grenze verläuft:

zwischen Pragmatismus und Opportunismus,
zwischen Freiheit und Autorität,
zwischen Interessen und Idealen,
zwischen Bewahren und Verwandeln.

Dafür gibt es keine Maximen oder Richtlinien, das muß von Fall zu Fall neu durchdacht und intuitiv erspürt werden. Daran wird besonders deutlich, warum in diesem Beruf, der immer wieder über Personen berichtet und über ihren Stil, ihre Entscheidungen, ihr Verhalten urteilt – warum da Charakter und menschliche Qualitäten so wichtig sind.

Journalisten, besonders sehr junge, geben sich oft keine Rechenschaft über die Verantwortung, die mit diesem Beruf verbunden ist. Sie vergessen zuweilen den Zweifel, den sie Dritten gegenüber nur allzugern zum Ausdruck bringen, auf sich selber anzuwenden, also dem eigenen Urteil zu mißtrauen, es immer wieder zu überprüfen. Groß ist die Versuchung, seine eigenen Überzeugungen, nur weil sie unwidersprochen bleiben, für gültige Wahrheiten zu halten. Aber was ist Wahrheit? Niemand ist ganz frei von Vorurteilen, kaum einer, der nicht auf der Jagd nach der Wahrheit – seiner Wahrheit – genau die Spuren entdeckt, die zu finden er ausgezogen war.

Nicht jeder erkennt, daß es ein Privileg ist, öffentlich in tausendfacher Auflage seine Meinung sagen und ein Urteil abgeben zu können. Ein solches Privileg aber läßt sich nur rechtfertigen, wenn ihm das Bewußtsein einer besonderen Verantwortung zugeordnet ist.

Und die Frage: Was möchten wir bewirken? Wir möchten dazu beitragen, Herrschaft durchschaubar zu machen, um auf solche Weise Kontrolle zu ermöglichen. Wir möchten helfen, die Probleme zu rationalisieren und die Atmosphäre zu entemotionalisieren.

Freilich erzeugt die Presse schon allein durch die Vielzahl der Zeitungen – überlagert von Funk und Fernsehen – einen kumulativen Effekt. Sie verstärkt die jeweils herrschende Atmosphäre und nährt damit den Verdacht, sie übe allzu große, noch dazu unkontrollierte Macht aus. Meist allerdings verweilt das Interesse nur kurz bei einem Gegenstand, um sich dann rasch wieder neuen Ereignissen zuzuwenden. Diese Hektik erzeugende Wirkung liegt aber nicht an der Mentalität der Journalisten, sondern am Wesen des Marktes und dem vielgepriesenen Wettbewerb –

in diesem Fall ist es der Ehrgeiz, der erste zu sein, der eine Information meldet und kommentiert.

Wir in der ZEIT möchten ferner verhindern, daß der notwendige Schutz des Staates den Freiraum des Bürgers ungebührlich einengt. Die meisten Menschen wissen, daß der Staat sie schützt und daß auch der Staat geschützt werden muß, aber viele wissen nicht oder haben vergessen, daß der Bürger sich unter bestimmten Umständen auch gegenüber dem Staat und seinen Staatsschützern schützen muß.

Beispiele für eine solche Situation gab es an der Wende der sechziger zu den siebziger Jahren, also während der beginnenden Rebellion, als immer mehr junge Leute den langen Marsch durch die Institutionen propagierten und versuchten, das bestehende System von innen her aus den Angeln zu heben.

Damals glaubten die Regierung und die amtierenden Länderchefs, sie könnten ohne den Radikalenerlaß, der die Feinde der Demokratie von der Beamtenlaufbahn ausschloß, nicht auskommen. Dieser Erlaß, der von den Linken bald als Berufsverbot abgestempelt wurde, löste eine Eskalation von Druck und Gegendruck aus, so daß Mitte der siebziger Jahre die Bundesrepublik mancherwärts – beispielsweise in Frankreich – als Polizeistaat verunglimpft wurde.

Tatsächlich ging dies schließlich so weit, daß der Staat jedes abweichende politische Verhalten mit äußerstem Argwohn betrachtete. Jeder unbequeme Zeitgenosse, jeder, der einmal an einer Demonstration teilgenommen oder Flugblätter verteilt hatte, wurde scharf beobachtet, oft auch photographiert.

In solchen Zeiten, in denen der Ruf nach Sondergesetzen laut wird, besteht die Gefahr, daß gerade das, was geschützt werden soll, nämlich die Demokratie, zu Tode geschützt wird; da ist es denn Sache einer verantwortlichen liberalen Zeitung, immer wieder auf diese Gefahr hinzuweisen und zum Pragmatismus zu ermahnen.

Letzte Frage: Auf welche Weise sollen jene Ziele erreicht werden? Antwort: Dadurch, daß Toleranz zur obersten Priorität erhoben wird, denn es soll ja die ganze Palette der Meinungen – auch die von Minderheiten – zur Geltung kommen. Ferner dadurch, daß man sich immer wieder daran erinnert, daß die eigene, oft emotional bedingte Einstellung durch intellektuelle Präzision und Skepsis kontrolliert werden muß.

Und schließlich durch antizyklische Reaktion. Wenn also eine Polarisierung der öffentlichen Meinung eingetreten ist, dann dämpfen; wenn vor lauter Pragmatismus die moralische Wert-Skala oder ethische Standpunkte verwischt werden, dann diese wieder in den Vordergrund rücken.

Ich habe geschildert, was die Ziele sind und auf welche Weise versucht wird, sie zu erreichen – aber es sei fern von mir, behaupten zu wollen, daß es immer gelingt, dieses »Soll« in ein »Ist« zu verwandeln. Da gibt es menschliche Irrtümer, technische Unzulänglichkeiten, Mißverständnisse, oft ist es auch einfach Schlamperei, die das Erreichen jenes Zieles verhindert.

Dieser Blick in die Werkstatt sollte deutlich machen, wie schwierig es ist, zwischen Informationen von Interessenten, Desinformationen, oft auch getürkten Fakten, zwischen Fallstricken und Anfech-

tungen aller Art die angeblich objektive Wahrheit zu
ermitteln. Sie ist weder so doppelbödig, wie die skeptischen Zyniker meinen, noch so simpel, wie der Idealist sie sich vorstellt.

(1988)

Den Bürgern Ziele setzen

So kann es nicht bleiben. Aber wie soll es weitergehen? Die Brutalisierung unserer Zeit hat ein unerträgliches Maß erreicht: Das gilt für die rücksichtslose Anwendung von Gewalt wie die gleichgültige Hinnahme von Brutalität und auch den Voyeurismus, wie Reality-TV ihn praktiziert.

In den fünfziger Jahren verbot der Chefredakteur dieser Zeitung, das Photo eines Schwerverletzten zu veröffentlichen, der verblutend neben seinem Auto lag. Heute werden Leute ausdrücklich beauftragt, bei solchen Gelegenheiten den mit dem Tode Ringenden möglichst in Großaufnahme zu photographieren. Schamgefühl gibt es nicht mehr.

Ausländer werden zusammengeschlagen, während Passanten vorübergehen und weggucken, anstatt Hilfe zu leisten. Jugendliche attackieren Asylantenheime mit Brandbomben – oft nur so zum Spaß. In manchen Schulen gehen die Schüler nur noch bewaffnet zum Unterricht, um sich gegen Erpressungen der Mitschüler zu schützen.

Wie ist es möglich, daß Skinhead-Texte geduldet werden, die, so berichtet die sozialdemokratische Publikation *blick nach rechts*, auf Langspielplatten, Kassetten und CDs zu erwerben sind – beispielsweise ein Song gegen Türken unter dem Titel »Kanaken«: »Steckt sie in den Kerker / oder steckt sie ins KZ / von mir aus in die Wüste / aber schickt sie endlich weg. / Tötet ihre Kinder, schändet ihre Frauen / vernichtet ihre Rasse / damit könnt ihr sie vergraulen.«

Warum werden die Verfasser und die Produzenten dieser widerlichen Erzeugnisse nicht wegen Aufforderung zum Mord vor Gericht gestellt? Warum lassen wir zu, daß Brutalität sich immer weiter ausbreitet in einer Zeit, in der mehr von Menschenrechten geredet wird als je zuvor?

Sechs- bis dreizehnjährige Kinder sehen täglich zweieinhalb Stunden fern. Da die TV-Sender bis zu fünfzig Mordszenen pro Tag bieten, ist es kein Wunder, daß sich jener alarmierende Fall in Liverpool ereignete, wo zwei Zehnjährige ein zweijähriges Kind ermordet haben sollen – vermutlich, weil ihnen der Unterschied zwischen Film und Wirklichkeit nicht klar wurde. Für sie ist eben Gewalt ein Teil des normalen Lebens geworden.

Gewalt, Brutalität und Korruption haben wahrscheinlich den gleichen Ursprung: Eine *permissive society*, die keine Tabus duldet, keine moralischen Barrikaden errichtet und die Bindung an Sitte und Tradition vergessen hat, gerät leicht »außer Rand und Band«. Im Augenblick zersetzt Korruption in vielfältiger Weise die zivilisierte Welt von Amerika bis Japan. Bei uns gibt es glücklicherweise keine so massive Bestechlichkeit wie in Italien, wo in den letzten Wochen zwei Parteiführer und drei Minister abtreten mußten. Bei uns ist es mehr »läßliche« Korruption, die mancherwärts in die Führungsschicht eingedrungen ist: Begünstigung, Urlaubseinladungen,

Freiflüge, Gratis-Leihwagen. Schlimm jedoch sind die allgemeine Verrohung und der Zynismus.

Was ist zu tun? Zunächst muß man wohl analysieren, wie es zu diesem Zustand gekommen ist, und dann überlegen, was getan werden kann.

Unsere moderne Welt, die durch das emanzipierte Individuum charakterisiert ist, hat ihre Wurzeln in der Aufklärung und in zwei Revolutionen: der Französischen und der industriellen. Diese Ereignisse haben an die Stelle der Gewißheit, daß es präetablierte, religiöse und moralische Normen gibt, den Glauben an Vernunft, Technik und den autonomen Menschen gesetzt. Nichts gegen die Aufklärung – nur: Sie wird fragwürdig, wenn sie ins Grenzenlose projiziert wird.

Heute, in der Spätphase positivistisch-materialistischer Auffassungen, wird die geistige Armut einer Epoche, die nur in Kategorien von Macht und Erfolg denkt, sehr deutlich. Es zeigt sich, daß der Mensch ohne metaphysischen Bezug nicht sinnvoll leben kann. Ohne jene übergeordnete Autorität fehlt ihm die Orientierung, hält er sich selber für allmächtig. Wie deutlich ist dies in der Zeit von Nationalsozialismus und Stalinismus geworden: Erst die Negierung alles Metaphysischen hat die totalitäre Macht des Menschen über den Menschen möglich gemacht.

Nun wird niemand meinen, man könnte die Uhr einfach zurückstellen, aber bisher haben sich immer die Inhalte mit den Zeitläuften verwandelt. Es kann doch kein Zustand von Dauer sein, daß nur wirtschaftliche Macht und militärisches Potential zählen und alles Geistige Nebensache ist; daß die Regierungen nur ans Sozialprodukt denken, an Produktivität und Wachstumsraten und die Bürger sich vorwiegend für Geld, Karriere und Lebensstandard interessieren.

Zwar sind andere Werte an die Stelle getreten, Fortschritte auf wissenschaftlichem und technischem Gebiet, Kommunikationsmöglichkeiten, von denen niemand zu träumen gewagt hätte, nur die Menschen sind dadurch nicht menschlicher geworden – vielleicht, weil der Triumph der eigenen Allmacht dies verhindert.

Man müßte doch mit immer mehr Fernsehkanälen den Zuschauern auch mehr Weltverständnis und mehr Toleranz vermitteln lönnen. Aber da es um Einschaltquoten geht, werden auf vielen Privatsendern vorwiegend Brutalität und Schrecken geboten. Derlei verkauft sich offenbar gut. Daß auf solche Weise die Menschen weiter brutalisiert werden, fällt anscheinend nicht ins Gewicht.

Was also muß geschehen? Wahrscheinlich muß man unterscheiden zwischen Maßnahmen, die sofort ergriffen werden müssen: Strafverschärfung gegen brutale Skinhead-Texte, gegen gewaltverherrlichende Videos, härtere Kontrolle der Bankgeschäfte im Hinblick auf Drogengelder, schärfere Kontrollen des Waffenhandels.

Strafen und Verbote müssen sein, aber allzuviel läßt sich damit nicht bewirken. Viel erreicht wäre hingegen, wenn sich die Menschen ihrer Verantwortung für das Gemeinwohl wieder bewußt würden. Das sollte bei den Deutschen, die ein so spendenbereites Volk sind, nicht schwierig sein.

Eine besondere Rolle fällt zweifellos den Medien zu. Sie sind es, die die Bürger motivieren und inspirieren können; aber sie sind es auch, die durch unablässige Katastropenschilderungen und Bilder von Gewaltszenen das Empfinden für Brutalität immer mehr relativieren.

Und langfristig? Etwas muß ganz grundsätzlich anders werden. Die jungen Menschen dürfen nicht ohne Arbeit, im Osten neuerdings auch ohne Jugendklubs, sich selbst überlassen bleiben. Jeder junge Mensch will sich bewähren, möchte zeigen, was er kann. Es ist höchste Zeit, die Gelegenheit dafür zu schaffen – beispielsweise einen Sozial- und Gemeinschaftsdienst einzurichten.

Es ist absurd, wenn man von dieser Maßnahme zurückschreckt, weil angeblich Hitler den Arbeitsdienst erfunden hat. Er hat ihn gar nicht erfunden, er hat ihn nur zu einer vormilitärischen Organisation pervertiert. Entstanden war er 1926 aus der Jugendbewegung. Seine Konzeption, an der Helmuth von Moltke und seine Freunde vom späteren Widerstand mitgewirkt haben, war das Bestreben, Arbeiter, Bauern und Studenten in Bildungslagern zusammenzuführen. Dieser Arbeitsdienst hatte schon zur Zeit von Brüning 100 000 Mitglieder.

Unsere Gesellschaft wieder zu humanisieren, den Sinn für die Allgemeinheit wieder an die Stelle von Egozentrik und Anspruchsdenken zu setzen, die Politikverdrossenheit in aktive Teilnahme zu verwandeln, dies müßten die ersten Ziele sein. Nur so könnten wie unsere Demokratie – die heute als gefährdet erscheint – wieder entscheidend festigen.

(1993)

Barbara bittet:
Kettenreaktion der guten Tat

Während 36 Jahren fanden die Leser der *ZEIT* in
jeder Ausgabe eine kleine Notiz – »Barbara bittet«.
Und 36 Jahre lang haben viele Leser in bewunderns-
werter Bereitschaft auf diese Hilferufe reagiert.

Wie ist es zu »Barbara bittet« gekommen? Und wer
eigentlich ist jene Barbara? Sie ist die Tochter von
General Hans Oster, der auf Befehl Hitlers nach dem
20. Juli 1944 hingerichtet worden ist. Als im Jahr
1953, nach dem Juni-Aufstand, der Flüchtlingsstrom
aus der DDR anschwoll, fanden sich auf Barbaras
Anregung hin ein Dutzend Hamburgerinnen zusammen und überlegten, wie man helfen könne. Wir wollten nicht mit staatlichen Hilfsorganisationen konkurrieren, aber wir sahen die Notwendigkeit, Menschen
beizustehen, die aus irgendwelchen Gründen mit ihren spezifischen Sorgen nicht vom Sozialnetz aufge-
fangen wurden oder so lange zu warten gezwungen
waren, daß jemand einspringen mußte. Also wurde
der Verein »Flüchtlings-Starthilfe« gegründet.

Man hörte damals von Tausenden von Flüchten-
den, nach 1945 waren es Millionen gewesen – das
sind Begriffe, die bestenfalls den Kopf erreichen, nicht
aber das Herz. Einzelschicksale, das ist etwas anderes. Wir beschlossen, ich solle versuchen, die *ZEIT*

dafür zu gewinnen, jede Woche mit ein paar Zeilen den Fall eines besonders hilfsbedürftigen Menschen zu schildern. So geschah es: 52 mal 36 Jahre lang. Zusammengekommen sind in dieser Zeit 12 Millionen Mark und ein ebenso großer Wert in Sachspenden. Davon hat »Barbara bittet« etwa 80 Prozent bewirkt, der Rest ging durch Spenden einzelner Gönner ein oder aber auch durch Bußgelder, die die Hamburger Gerichte der Flüchtlings-Starthilfe zuwiesen.

Der Witz dieser privaten Vereinigung – wenn man in diesem Zusammenhang von Witz sprechen darf – ist es, den Betreffenden eine rettende Planke unterzuschieben und zu hoffen, daß sie dann allein weiterschwimmen. Beispiel: Einem Klarinettisten wurde die fehlende Klarinette besorgt – er spielt seither in einem Orchester; ein Ingenieur erhielt das Geld für die Reisekosten, um sich in Süddeutschland vorzustellen; ein Kellner einen Anzug, um die in Aussicht stehende Stelle antreten zu können; ein Schriftsteller eine Schreibmaschine; einem jungen Menschen wurde eine Lehrstelle in einer Gärtnerei verschafft.

Einem begabten, jungen Rumänen (auch Osteuropäern ist geholfen worden) wurde die Teilnahme an einem internationalen Dirigentenwettbewerb ermöglicht; jetzt dirigiert er das Hamburger Landesjugendorchester. Verschiedene Handwerker erhielten zinslose Darlehen und haben sich damit eine eigene Existenz aufgebaut. Spezialisten wurden Kurse vermittelt, die ihre technischen Kenntnisse auf den jüngsten Stand brachten. Einer jungen Frau mit einem elf Monate alten Kind, die wegen eines Fluchtversuchs eine Haftstrafe hatte absitzen müssen und darum ihre Krankenschwester-Ausbildung nicht beenden

konnte, besorgte die Flüchtlings-Starthilfe eine Lehrstelle und für das Kind einen Krippenplatz.

Das Einmalige an der Flüchtlings-Starthilfe ist, daß
alle Spenden – ohne Abzug für Büro oder andere
Unkosten – den zu Betreuenden zu gute kommen:
Das Büro an der Trostbrücke in Hamburg stellte die
Reederei Laeizs großzügigerweise zur Verfügung; die
95 Mitglieder des Vereins – davon 84 Damen in
Hamburg – sind ehrenamtlich tätig, sie schreiben
Briefe, packen Pakete, arbeiten in der Kleiderkammer
oder bei der Hausratvermittlung. In Berlin gibt es eine
Dependance, die von Frau von Manteuffel mit großer
Umsicht und Aufopferung geführt wird.

Der Verein ist außerordentlich geschickt im Ein-
kauf preiswerter Ware: Schuhe, Lampen, Wäsche.
Beispiel: Laut Bericht wurden bezahlt für »eine sehr
gute Bettdecke mit Kopfkissen« 35 Mark, für ein
Kaffeeservice für sechs Personen aus englischem
Steingut 19 Mark. Oft müssen Flüchtlinge, die nur
mit Rucksack und Plastiktüte ankommen, mit dem
allernötigsten ausgestattet werden.

Da war beispielsweise der Fall eines jungen Physi-
kers: Er saß acht Monate in Haft, weil er statt den
Wehrdienst abzuleisten, Bausoldat werden wollte.
Wieder entlassen, folgten die üblichen Benachteili-
gungen. Der Ausreiseantrag, für ihn selbst, seine Ehe-
frau und zwei Kinder, wurde vier Jahre lang nicht
beantwortet. Plötzlich kam die Genehmigung, mußte
aber innerhalb von 24 Stunden wahrgenommen werden. Die vierköpfige Familie erschien daher in Hamburg nur mit leichtem Handgepäck. Die Flüchtlings-
Starthilfe konnte mit dem Nötigsten helfen und für
den Familienvater eine Anstellung vermitteln.

Wenn so etwas gelingt, freut sich der ganze Verein, denn nur wenn jeder seine Verbindungen einsetzt, kann dem einzelnen wirklich geholfen werden. Ungezählte Telephongespräche werden zu diesem Zweck geführt, um die Flüchtlinge ihrer Begabung oder Ausbildung entsprechend unterzubringen. Wie denn überhaupt Beratung oder auch nur die Bereitschaft zuzuhören sich als ebenso wichtig wie materielle Hilfe erweisen; für die meisten ist das Leben hier, vor allem aber auch die Berufswelt, so fremd, daß sie oft dem Alltag hilflos gegenüberstehen.

Aus lauter Sorge schließen sie falsche Versicherungen ab, werden mit den Telephonrechnungen nicht fertig, wissen nicht, wie sie das Fluchtgeld, das einigen von ihnen abgenommen wurde, aufbringen sollen. In solchen Fällen setzt sich Frau Wolff-Bühring, die Geschäftsführerin der Hamburger Flüchtlings-Starthilfe, mit großer Umsicht und unendlicher Geduld mit den Betreffenden zusammen und erarbeitet einen Finanzplan: »Die Menschen brauchen Beratung und Information, qualifizierte Ansprechpartner, Fachliteratur und Umschulungsmaßnahmen; außerdem müssen die aus Osteuropa Kommenden erst einmal einen Deutschkursus besuchen.«

Von 1953 bis 1985, also 32 Jahre lang, war Jeanne Hesse Vorsitzende des Vorstandes. Sie hat in diesen Jahren die ständig wachsenden Aufgaben des Vereins mit Klugheit und unbeirrbarer Übersicht strukturiert, so daß am Grundprinzip – alle Spenden ohne Abzug für die Flüchtlinge – nichts geändert worden ist.

Der Verein wirbt mit Erfolg auch um Sonderspenden. Die heutige Vorsitzende, Frau Etta von Werthern, gab in ihrem Bericht für 1990 der Mitgliederversammlung einen Eindruck von der bewegenden Hilfsbereitschaft, mit der auf den Flüchtlingsansturm des vergangenen Jahres reagiert wurde: »Aus heiterem Himmel«, sagte sie, »erhielten wir eine Einzelspende von 50 000 Mark; in gleicher Höhe stiftete ein Gönner Gutscheine zu je 100 Mark für ein Hamburger Kaufhaus, damit die Menschen von drüben auch einmal einkaufen können, was sie sich selber aussuchen. Ferner erhielten wir 100 Tüten mit Kaffee, Keksen und Schokolade, von einer anderen Firma Rosinen, Nüsse und Mandeln. Ein Geschäft für Haushaltswaren räumte seinen Keller und schenkte uns Restbestände an Geschirr und Gläsern.«

Ohne diese Art von spontaner Hilfsbereitschaft wäre es im vorigen Jahr schwierig geworden, denn 1989 mußten 4762 Einzelfälle betreut werden, doppelt so viele wie 1987. Allein die Kleiderkammer versorgte 1600 Menschen.

Grund genug, allen anläßlich dieser Zäsur zu danken, den Lesern der ZEIT, den Betreuern und den Mitgliedern der Flüchtlings-Starthilfe, die so Außerordentliches geleistet haben. Eine Zäsur ist eingetreten – denn jeder, der will, kann aus der DDR ausreisen, und die Flüchtlinge in des Wortes eigentlicher Bedeutung gibt es nicht mehr. Darum sieht die ZEIT sich veranlaßt, die Rubrik »Barbara bittet« einzustellen; mindestens für eine Atempause. Wir wollen erst einmal sehen, wie sich alles weiterentwickelt, und behalten uns vor, wenn wieder eine Feuerwehr benötigt wird, zur Stelle zu sein.

Inzwischen wird die Flüchtlings-Starthilfe noch lange damit beschäftigt sein, sich um ihre Schützlinge aus der großen Flutwelle des vorigen Jahres zu kümmern – eine Aufgabe, die noch viel Mühe und finanzielle Mittel in Anspruch nehmen wird und bei der der Verein weiter auf die Hilfsbereitschaft der Bürger angewiesen ist.

(1990)

Der Streit um das Kruzifix

Karlsruhe und kein Ende. Eigentlich müßte so ein Richterspruch das Ende eines Prozesses sein – in diesem Fall ist er der Anfang einer stürmischen Auseinandersetzung. Eigentlich sollte so ein Urteil Frieden stiften, dieses aber hat vorwiegend Zorn und Konflikte ausgelöst.

Was also tun? Zunächst einmal gilt es, das Urteil zu verstehen und zu begreifen, daß das Gericht nicht ein generelles Verbot der Anbringung von Kruzifixen angeordnet hat, sondern daß es lediglich jene bayerische Schul-Verordnung aufhebt, die vorschreibt, in den Klassenzimmern öffentlicher Schulen ein Kruzifix anzubringen. Es ist den Richtern offenbar nicht gelungen, das deutlich zu machen. Der Vizepräsident des Gerichtes hat eingeräumt, daß der Kruzifix-Beschluß im ersten Leitsatz mißverständlich formuliert ist. Dort sei der Hinweis auf die »staatlich angeordnete Anbringung« von Kreuzen vergessen worden.

Auch muß man die Phantasielosigkeit jener Richter beklagen, die zwar ein juristisches Pensum bewältigt, aber offensichtlich keinen Gedanken daran verschwendet haben, wie ihre Order »Kreuze abhängen«, die sie dem unvorbereiteten Volk auf den Tisch geknallt haben, verständlich zu machen ist.

Warum die Leute so aufgebracht sind? Man muß sich doch vor Augen halten, daß der normale Bürger nicht juristische oder theologische Fragen stellt, sondern sich zunächst darüber aufregt, wie etwas, das über Jahrzehnte in Tausenden von Schulen praktiziert wurde, plötzlich überall geändert werden muß, nur weil ein Querulant meint, seine Kinder könnten nicht »unter dem Kreuz lernen«. Man würde gern wissen, ob der Betreffende mit ebensolchem Eifer darüber wacht, daß seine Kinder beim Fernsehen von Sex und Crime verschont bleiben.

Mancher mag sich auch besorgt fragen, was wird denn aus den Kruzifixen – ein Ortskundiger schätzt ihre Zahl auf 30 000 –, die abgehängt werden müssen? Werden sie zu Bergen aufgeschichtet und verbrannt? Kommen sie in den Müll? Werden sie recycelt, oder was geschieht mit ihnen?

Nach dem ersten Zorn kommen dann gewichtigere Fragen: Warum soll der Anblick des Gekreuzigten für Kinder unzumutbar sein? Neben dem gewaltsamen Tod erinnert das Kruzifix doch auch an Erlösung und Auferstehung. Weiter: Es ist wichtig, ein Symbol des Göttlichen vor Augen zu haben, das den Menschen in einer Zeit, in der er von seiner eigenen Allmacht fest überzeugt ist, daran erinnert, daß es etwas gibt, das höher ist denn seine Vernunft.

Macht ist nur erträglich, wenn sie beschränkt wird durch ethische Maximen. Diese aber sind in einer Welt, in der Produktion, Konsum, Leistung und Geld im Mittelpunkt stehen, an den Rand gedrängt worden. Darum erleben wir heute, wie das Verhalten immer brutaler wird, wie Gewalt und Korruption zu selbstverständlichen Mitteln im Alltag werden.

Keine Gesellschaft kann ohne einen ethischen Minimalkonsens überleben. Wenn jeder nur seinem Egoismus frönt, dann löst sich die Gemeinschaft schließlich auf. Symbole sind in dieser gottfernen Welt, in der der Mensch unter seiner Entfremdung leidet, ganz unentbehrlich. Außerdem ist das Grundgesetz ja keine weltneutrale Ordnung. Schließlich ist da noch eine Frage, die wahrscheinlich Anstoß erregt. Warum darf man Entscheidungen des höchsten Gerichts nicht kritisch betrachten? Gewiß, man soll nicht zum Boykott aufrufen, darf aber eine Entscheidung doch wohl in Frage stellen. Wir haben in der Vergangenheit gesehen, wie wichtig Widerstand ist. Zwar sollte im demokratischen Rechtsstaat Widerstand nicht notwendig sein, weil alle Staatsgewalt vom Volk ausgeht. Aber an der Wahl der Richter, die ohne jede Öffentlichkeit stattfindet, ist das Volk nicht beteiligt. Das Bundesverfassungsgericht ist die einzige Institution, deren Macht keiner Kontrolle unterliegt.

Einige Kommentatoren halten es für eine Profanisierung des Kreuzes, wenn es als Ausdruck christlich-abendländischer Tradition bezeichnet wird. Aber es ist doch wahr, daß es neben der religiösen Bedeutung auch für unsere Geschichte steht. Zu meinen, wir seien kein christliches Volk mehr, weil die Kirchenaustritte zunehmen und der Kirchenbesuch abnimmt – das ist doch wohl ein arg oberflächliches Urteil. Keine politische Frage hat im katholischen Bayern einen solchen Aufruhr ausgelöst wie das Kruzifix-Urteil. Die Bürger hatten offenbar das Gefühl: Nun wird uns auch noch das letzte, was nicht von dieser sachlich-positivistischen Welt ist, unter den Füßen weggezogen.

Die Behauptung, das Kruzifix sei ein unverbindliches Souvenir, eine Art Fetisch, wird durch die heftige Reaktion widerlegt. Als ich 1945 in Ostpreußen aufbrach und sieben Wochen im Flüchtlingsstrom, der nicht viel anders aussah als der heutige im ehemaligen Jugoslawien, gen Westen zog, habe ich in dieser existentiellen Situation ein Kruzifix in der Satteltasche mitgeführt. Nicht als Fetisch, sondern als Zeichen der Zuversicht und um der Hoffnung willen.

(1995)

Plädoyer für das umstrittene Ethik-Fach

Nun ist also endlich ein Kompromiß für den Streit um das Schulgesetz von Brandenburg gefunden worden. Soll auch in Brandenburg der Religionsunterricht ordentliches Lehrfach sein, wie es Artikel 7 des Grundgesetzes vorsieht, oder darf sich das Land auf die Ausnahmeklausel des Artikel 141, auf die sogenannte Bremer Klausel, berufen? Ferner: Darf der klassische Religionsunterricht durch eine Art multikulturellen Modells ersetzt werden – nämlich Lebensgestaltung, Ethik, Religionskunde (LER)? Und wenn ja: fakultativ oder obligatorisch?

Das sind Probleme, die in der letzten Woche vor den Bundestag kamen, was zusätzlich den Streit heraufbeschwor: Bund- oder Ländersache? Dies alles sind Fragen, die zwar für das Staats- und Verfassungsrecht wichtig sind, die aber dem Bürger, gemessen an der Zukunft unserer Gesellschaft, zweitrangig erscheinen.

Die vierzig Jahre atheistischer Erziehung in der DDR haben eine, nein zwei areligiöse Generationen hervorgebracht. Von zehn Kindern werden nur zwei getauft. Im Westteil von Berlin nahmen vierzig Prozent der Schüler freiwillig am Religionsunterricht teil – im Ostteil sind es nur fünf Prozent.

Die Jungen wachsen in einer Zivilisation auf, für die das Geld der höchste Wert ist und für die Maximierung von Produktion und Konsumtion, von Profit und Wachstum den Sinn des Lebens ausmachen. Unser Wirtschaftssystem, das auf dem Gesetz der Konkurrenz beruht und dessen Motor der Eigennutz ist, verleitet dazu, das eigene Geschäft ohne alle Rücksicht voranzutreiben.

Was fehlt, sind ethische Maximen oder mindestens Spielregeln und Verhaltensnormen. Alles Transzendente und Metaphysische ist aus dem Leben verbannt und die entstandene Leere von der Unterhaltungsindustrie gefüllt worden. Dem Heranwachsenden müssen aber neue Horizonte vermittelt und ein Zugang zum Metaphysischen erschlossen werden, sonst verkümmert die Seele und breitet sich die Brutalität immer weiter aus. Die Hauptschwierigkeit ist allerdings, daß die Lehrer, die auf Marxismus-Leninismus gedrillt wurden, erst einmal umgepolt werden müssen.

Die Geschichte des europäischen Humanismus hat viel mit Erziehung zu tun; aber Schulen sind heute selbst zu Brutstätten von Gewalt geworden – physischer Gewalt gegen Kameraden und psychischer Gewalt gegen Lehrer.

Kant sagt: »Der Mensch soll seine Anlagen zum Guten erst entwickeln, die Vorsehung hat sie nicht schon fertig in ihn gelegt, es sind bloße Anlagen und ohne den Unterschied der Moralität. Sich selbst besser machen, sich selbst kultivieren und, wenn er böse ist, Moralität bei sich hervorzubringen, das soll der Mensch. Wenn man das aber reiflich überdenkt, so findet man, daß dieses sehr schwer sei. Daher ist die Erziehung das größte Problem und das schwerste, was dem Menschen kann aufgegeben werden. Denn Einsicht hängt von der Erziehung, und Erziehung von der Einsicht ab.«

Vielleicht haben die Brandenburger ganz recht, wenn sie meinen, daß in einer total säkularisierten Welt der Einstieg in die altherkömmlichen Religionsvorstellungen nicht gelingen kann und daß darum LER als Zugang für die Schüler viel interessanter ist. Es ist einfach aufregend für sie zu entdecken, wie durch die Jahrtausende in Ost und West ethische Maximen die jeweilige Gesellschaft beherrscht haben. Vieles, was uns rein christlich erscheint, finden wir auch in der Antike oder bei Konfuzius und in der indischen Philosophie. Kultur war immer bestimmt durch moralische und geistige Werte. Erst seit dem wissenschaftlich-industriellen Zeitalter sind Leistung und Beherrschung der Technik an ihre Stelle getreten. Das Humane wurde verdrängt, Akkumulation von Reichtum und Konzentration von Macht, das sind die Ziele, die alles andere in den Schatten stellen.

(1996)

Seid tolerant

Rede vor Abiturienten des polnischen
Marion-Dönhoff-Gymnasiums

Liebe Freunde,
ich frage mich, was kann ich euch, die ihr heute die
Schule verlaßt, auf euren Lebensweg mitgeben. Mein
Leben hat sich in einem katastrophenreichen Jahrhundert abgespielt, wie es sich sicherlich nicht wie-
derholen wird: zwei Weltkriege, der Holocaust und
dann Hitler und Stalin. Ihr werdet es im neuen Jahrhundert besser haben.

Aber es wird auch von euch abhängen, wie sich die
Umstände gestalten. Denn die Umstände – positiv
oder negativ, Glück oder Unheil – fallen nicht zufällig
vom Himmel, sondern sind meist eine Reaktion auf
Taten der Bürger und deren geistige Einstellung. Inso-
fern hat jeder einzelne von uns eine große Verantwortung. Wir dürfen also nicht meinen, es genüge, wenn
jeder für sich selbst sorgt, weil ja der Staat für das
Ganze aufkommen muß – nein, wir alle sind für das
Ganze verantwortlich.

Vielleicht werden Sie fragen, was mir als geistige
Einstellung für die Zukunft am wichtigsten erscheint.
Ich denke, ihr müßt vor allem versuchen, tolerant zu
sein. Gewiß, man könnte eine lange Liste aufstellen,
aber wie lang sie auch sein mag, Toleranz muß jedenfalls ganz oben stehen, denn wer wirklich tolerant ist,

der wird nicht in Haß verfallen und darum auch nicht versucht sein, Gewalt zu üben.

Er wird die Meinung des anderen respektieren, auch wenn sie seiner eigenen widerspricht, er wird den Ausländer und den ethnisch anderen nicht diskriminieren, und er wird – und das ist sehr wichtig – keine neuen Feindbilder erfinden, mit denen der Gegner verunglimpft wird.

Liebe Freunde, wenn es Ihnen gelingt, wirklich tolerant zu sein, dann haben Sie viel für Ihr Vaterland geleistet.

(1995)

Ist die Talsohle durchschritten?

Die Bürger sind frustriert und verdrossen. Sie haben das Vertrauen in die Politiker verloren, die angeblich nur um die Macht streiten, anstatt sich um die Lösung der Probleme zu kümmern. Die Politiker ihrerseits sind zornig und laden alle Schuld auf die Medien, die, so heißt es, nur Negatives berichten und die Katastrophen auch noch aufbauschen. Die Medien wiederum weisen darauf hin, daß sie doch nur berichten, was vor sich geht.

In Wahrheit sind alle miteinander an dem bestehenden Zustand schuld, denn die Fakten sind ja nicht das Entscheidende, sondern die Vorstellung, die die Menschen von den Fakten haben. Dies aber heißt doch, daß subjektive Anschauungen objektive Tatbestände schaffen, daß also durch das Klima der kollektiven Frustration die gesellschaftlichen Bindungen zu Parteien und politischen Autoritäten gelockert werden und ein allgemeiner Zersetzungsprozeß beginnt.

Dennoch, wie eigentlich ist es zu dieser Situation gekommen? Wie ist es möglich, daß Sechzehnjährige Asylheime in Brand setzen und dabei den Tod von Insassen in Kauf nehmen? Daß junge Burschen einen gleichaltrigen Afrikaner zu Tode prügeln? Daß zwei siebzehn- und achtzehnjährige Rechtsradikale, die letzte Woche vor Gericht in Brandenburg standen, einen Obdachlosen auf brutalste Weise getötet haben: erst indem sie ihn mit Stiefeln getreten, dann mit einer Gasflasche geschlagen und schließlich mehrfach im Kölpinsee untergetaucht haben? Menschen mit sichtbaren Behinderungen werden beschimpft. Gewalt und Barbarei greifen immer mehr um sich.

Wie es dazu gekommen ist? Erklärungen werden viele angeboten: zerrüttete Familienverhältnisse, Schulen ohne Autorität, Horror- und Gewaltfilme im Fernsehen, Egozentrik, Mangel an Gemeinsinn... Dies alles spielt eine Rolle. Der Grund dafür aber ist immer der gleiche: Es gibt keine verbindliche Ethik mehr und keine moralischen Prinzipien, die dem Handeln Grenzen setzen. Der Mensch ohne metaphysische Bindungen ist eben seinem eigenen Größenwahn ausgeliefert und für jede Manipulation anfällig.

Wir brauchen heute weit zwingender als in früheren Zeiten eine verbindliche Ethik. Früher, als die wissenschaftlichen Erkenntnisse und die technischen Mittel noch verhältnismäßig begrenzt waren, genügten die Zehn Gebote als Richtschnur und Moralkodex. Heute sind wir in der Lage, die Schöpfung zu zerstören oder auch mit Hilfe der Gentechnik einen neuen Menschen herzustellen, der dann vielleicht Eigenschaften aufweist, von denen bisher niemand eine Ahnung hat.

Wir müssen also eine Ethik entwickeln, die uns bewußtmacht, daß wir große Verantwortung tragen – wir alle, jeder einzelne – auch im Alltag, sowohl im Hinblick auf die Mitmenschen wie auch im Umgang mit der Natur.

Wann ist dieses Bewußtsein verlorengegangen? Als

am Ende des Zweiten Weltkrieges zwölf Millionen Flüchtlinge in ein Land drängten – das auf drei Viertel seines Territoriums zusammengeschrumpft war – und in den Trümmern zerstörter Städte Unterkunft suchten, da gab es für jeden nur ein Ziel: so rasch wie möglich wieder eine Existenz aufzubauen. Während vieler Jahre war darum aller Sinnen und Trachten auf dieses eine Ziel konzentriert. Das Ich stand im Vordergrund, für die Allgemeinheit mochten andere sorgen.

Noch heute wird alles Denken durch wirtschaftliche Erwägungen absorbiert. Geist, Kultur und Kunst sind sekundär. Es geht um die Höhe des Sozialprodukts, um Wachstumsraten und Produktionszuwachs – von diesen Faktoren hängt der Lebensstandard ab, und dieser entscheidet über die politische Stabilität des Landes.

Das Ziel der Volkswirtschaft ist also die höchstmögliche Quantität und Qualität der Produktion. Die optimale Methode, um dies zu erreichen, ist die Marktwirtschaft, und der Motor der Marktwirtschaft ist der Eigennutz. Nur wenn jeder versucht, soviel wie irgend möglich für sich herauszuholen, kann das Ziel erreicht werden. Zwar wird bei der *sozialen* Marktwirtschaft für eine gerechtere Verteilung Sorge getragen – aber für den Geist ist auch hier kein Raum.

Heute sind nicht einmal nach erfolgter Wende geistige Regungen zu spüren. Noch nach dem Zweiten Weltkrieg haben Aldous Huxley mit der Utopie »Brave New World« und George Orwell in der ironischen Fiktion »1984« mit tiefgründigen Einsichten orakelt, welche Entwicklung unsere Zivilisation nehmen wird. Heute weissagt niemand, was wird und wo es hingeht. Heute ist das geistige Leben durch Ratlosigkeit und beklemmende Leere charakterisiert, während die politische Entwicklung ohne Konzept verläuft und ohne willentliche Steuerung, nur vom Zufall getrieben.

Verzweifelt fragt man sich, woher kann Wandel kommen? Wie können Gewalt, Korruption und Brutalität gestoppt werden? Mancher verweist auf Vorbilder. Gewiß, es gab sie, zumal im vorigen Jahrhundert, das durch Idealismus charakterisiert war: von Kant und der Aufklärung über die Romantiker bis zu Marx, der nie für möglich gehalten hätte, daß seine Lehre zu Gulag und Stasi führen könnte. Das neunzehnte Jahrhundert bot viele Vorbilder, aber unser zwanzigstes, das so reich an Katastrophen war: zwei Weltkriege, der Holocaust, Hiroshima, Hitler, Stalin – wer soll da noch an Vorbilder glauben?

Verlaß ist nur auf eins, auf die Unbeständigkeit der Menschen. Das dialektische Gesetz ist wahrscheinlich das einzige Gesetz, das in der Politik ebensoviel Gültigkeit beanspruchen kann wie ein naturwissenschaftliches. Weniger wissenschaftlich ausgedrückt: Wenn die Leute »die Nase voll haben«, dann schlagen sie einen anderen Kurs ein – auch in der Politik gibt es Moden.

Wenn man die Gegenwart unter diesem Aspekt betrachtet, kann man Hoffnung schöpfen, denn dann könnte man meinen, daß die berühmte Talsohle vielleicht demnächst erreicht sein wird. Ein Beweis: Drei bis vier Millionen Menschen sind aus Protest gegen Ausländerfeindlichkeit und Gewalt mit Lichterketten durch deutsche Städte marschiert. Und wenn 120 000

Menschen, vorwiegend Jugendliche, beim Kirchentag drei Tage lang in Meditation und Diskussion verweilen oder wenn 56 Prozent der angeblich resignierten Parteimitglieder bei der unvermittelt angesetzten Abstimmung zur Wahl des SPD-Vorsitzenden erscheinen – obgleich jedermann nur mit bestenfalls 20 Prozent gerechnet hatte –, dann zeigt dies doch, die Bürger sind entschlossen, nicht alles einfach laufen zu lassen, sondern aktiv zu werden und ihr Schicksal selbst in die Hand zu nehmen.

Dies alles ist Grund zur Hoffnung, warum also hilflos resignieren?

(1993)

Politik und Gewissen

Hans Jonas:
Versuch einer neuen Ethik

Der Philosoph und Religionswissenschaftler Hans Jonas ist gestorben. Er war der Meinung, in der heutigen Welt dürfe Philosophie sich nicht nur mit Begriffsbildungen und der Versachlichung von Metaphysik beschäftigen, sondern müsse vor allem lehren, wie der Mensch sich verhalten soll und wo ihm Schranken gesetzt werden müssen.

Jonas fordert ein Seinsbewußtsein, bei dem die Stellung des Menschen im Kosmos und sein Verhältnis zur Natur im Mittelpunkt stehen. Er war der erste Philosoph, der schon sehr früh und intensiv über ökologische Zusammenhänge nachgedacht hat.

Sein 1979 erschienenes Buch »Das Prinzip Verantwortung« heißt im Untertitel »Versuch einer Ethik für die technologische Zivilisation«. Es ist ein aufregendes Werk, vor allem für jene, die sich Sorgen machen über den Zustand der Welt und die Folgen des technischen Fortschritts. Auch ich war damals fasziniert und beglückt, als ich bald darauf einen Brief von Jonas bekam, der schrieb, er sei in Deutschland und habe bei Freunden mein Buch »Namen, die keiner mehr nennt« gelesen: Ob wir uns nicht gelegentlich treffen wollten? Seither waren wir freundschaftlich verbunden. Hans Jonas war in seinem Leben immer mit ganzem Herzen und allen Sinnen engagiert, egal, ob er reflektierte oder agierte. Als Student in den zwanziger Jahren – damals begann er sich für den Zionismus zu interessieren – hatte er sein Studium für ein halbes Jahr unterbrochen und war zu einem Bauern in der Nähe von Wolfenbüttel gegangen, um sich als Pionier für Palästina vorzubereiten. Im Jahr 1928 promovierte er dann bei Bultmann und Heidegger und emigrierte im Jahr 1933 nach Palästina.

In Palästina wurde er später Mitglied der Haganah, einer jüdischen Organisation zur Selbstverteidigung, mit der er bis zum Friedensschluß 1949 als Artillerieoffizier gegen die Araber kämpfte. Zuvor hatte er während der fünf Jahre des Zweiten Weltkriegs als Freiwilliger in der jüdischen Brigade gedient, die der britischen Armee eingegliedert worden war. 1949 folgte er dann einem Ruf an die McGill University in Montreal und ging schließlich fünf Jahre später an die New School for Social Research nach New York, wo er über zwanzig Jahre lehrte.

Ich fragte Hans Jonas einmal: »Warum brauchen wir eigentlich eine neue Ethik, warum genügt die bisherige nicht mehr?« Antwort: »Das hochtechnisierte Zeitalter erfordert eine neue ethische Besinnung, weil die Macht des Menschen eine Größenordnung und Reichweite erlangt hat, von der man bisher keine Vorstellung hatte.« »Früher mögen die Zehn Gebote als Orientierungshilfe ausgereicht haben, aber im Zeitalter des Globalismus und in anbetracht des Zerstörungspotentials, über das der Mensch verfügt, sowie angesichts des technischen Fortschritts, der es möglich macht, Gene zu verändern, vielleicht einen neuen Menschen zu kreieren, müssen wir eine Ethik entwickeln, die uns bewußt werden läßt, wie groß unsere Verantwortung ist.«

»Und was müßte der Kompromiß für unsere Verhaltensweise sein?« Antwort: »Die Komplementärgröße zur Macht muß die Verantwortung sein, eine bewußt reflektierte Verantwortung.«

Jonas beklagte das ethische Vakuum, in dem wir leben. In seinem zuvor erwähnten Buch sagte er, daß das Gefühl für Maß und Norm verunsichert wird durch das vermeintlich überlegene Wissen. Es müsse eine Ethik geben, »welche die extremen Kräfte zu zügeln vermag, die wir besitzen, ständig erweitern und auszuüben beinah gezwungen sind.«

Hans Jonas mahnt zum Verantwortungsbewußtsein gegenüber dem wissenschaftlich technischen Fortschritt: Überzeugend erscheint sein Hinweis auf den Unterschied zwischen früher und jetzt. Früher, sagt er, wurde die Technik eingesetzt, um ein Problem zu lösen, einen Fehler zu beseitigen, einen Arbeitsvorgang zu erleichtern ... War dieses Problem bewältigt, dann sei erst einmal Schluß gewesen. Heute, so meint er, verleite die moderne Technologie dazu, den Prozeß, der sich immer mehr verselbständigt, nicht zu stoppen. Es ist ein dynamischer Prozeß, der sich ohne bestimmtes Ziel immer weiter fortsetzt und uns in Gebiete trägt, wo wir gar nicht hinwollten: Forschung um der Forschung willen.

Noch vor kurzem hat der Neunzigjährige bei einer Preisverleihung in Italien geweissagt: »Einst war es die Religion, die uns mit dem Richterspruch am Ende der Tage drohte. Heute ist es unser gequälter Planet selbst, der die Ankunft dieses Tages voraussagt. Diese letzte Offenbarung kommt nicht vom Berg Sinai, nicht von jenem Berg der Predigt, auch nicht vom Bo-Baum Buddhas – es ist die Anklage der stummen Kreatur, die uns mahnt, unsere ehrgeizige Allmacht zu zähmen, damit wir nicht allesamt zu Grunde gehen in einer Wüste, die sich einst als Schöpfung präsentierte.«

Nun ist Hans Jonas tot, der jahrelang beschwörend auf die globalen Herausforderungen der kommenden Jahrzehnte hingewiesen hat, auf Überbevölkerung, Klimakatastrophen und Umweltzerstörung. Wer wird jetzt so eindringliche Warnschilder aufstellen? Wer lichte Schneisen schlagen in das Dickicht unserer Tage?

(1993)

Richard von Weizsäcker:
Autorität auch ohne Macht

Jeder zollt ihm Respekt, viele verehren ihn wegen seiner nachdenklichen Reden, seinem abgewogenen Urteil, seinem Stil. Auch ich verehre den Bundespräsidenten wegen dieser Qualitäten, aber wirklich bewundern tue ich Richard von Weizsäcker um einiger Geschichten willen, die auf seine frühe Zeit zurückgehen.

Die erste Geschichte berichtet Hermann Priebe, Professor für Agrarwesen in Frankfurt. Er war, gleich Richard von Weizsäcker, beim Regiment IR 9 – seit dem 18. Jahrhundert der Stolz Preußens. Nach dem 20. Juli 1944 hat das Regiment neunzehn Offiziere im Widerstand gegen Hitler verloren. Nach jenem Datum saß auch Priebe monatelang im Zuchthaus von Berlin. Schließlich wurde er zur Bewährung an die Front kommandiert. Aber schon bald reute die Gestapo diese Entscheidung, er wurde nach Berlin zurückbeordert. Der Regimentsadjutant Richard von Weizsäcker, der keinen Zweifel hatte, was dies zu bedeuten habe, vernichtete kurz entschlossen den Befehl, ohne dem Betroffenen davon Kenntnis zu geben.

Eine zweite Geschichte würde ich für eine Legende halten, wenn nicht einer der sechs jungen Offiziere, um die es sich dabei handelte, sie mir selbst erzählt hätte. Ort der Handlung: eine Datscha vor Leningrad, in der sich der Stab des Regiments befindet, zu dem Weizsäcker gehört. Es ist Sommer 1943. Der Chef des Regiments ist unterwegs. Sechs junge Offiziere sitzen zusammen in dem Raum, der als Geschäftszimmer dient; an der Wand hängt ein Hitler-Bild. Sie diskutieren. Plötzlich zieht einer von ihnen seine Pistole und schießt auf das Führer-Bild. Glas splittert – das Bild ist zerstört.

Totenstille – tiefes Erschrecken. Da hört man die Stimme des dreiundzwanzigjährigen Regimentsadjutanten von Weizsäcker: »Ehe wir darüber nachdenken, was man jetzt tun kann, schießen wir erst einmal alle auf das Bild, damit es nicht nur einer gewesen ist.« Sprach's, zog seine Pistole und feuerte den ersten Schuß – die anderen folgten ihm.

Eine weitere Geschichte, die ich aus anderen Gründen imponierend finde, berichtet seine Schwester Adelheid Eulenburg. Ihr Bruder war in der ersten wirren Nachkriegszeit ohne Passierschein zu Fuß auf dem Wege nach Berlin. An der Zonengrenze wurde er geschnappt und in ein Verlies gewiesen, das bereits vollgestopft war mit Leuten, die dort zum Teil seit Tagen warteten, ohne zu wissen, was aus ihnen wird.

Unter ihnen befand sich eine junge, pfiffige Frau. Mit ihr zusammen entwarf Weizsäcker den Plan, gemeinsam auszubrechen: Sie werde vorgeben, hochschwanger zu sein, und er sich als ihr Verlobter ausweisen. Also wurden Namen und Daten eingeübt, und dann behauptete die Frau plötzlich: »Es geht los, es geht los...« Die erschreckten Grenzwächter ließen sie sofort ziehen, mitsamt ihrem »Verlobten«, der das Gepäck trug.

Als er zurückreiste – wieder ohne Passierschein –, fragte er an der Zonengrenze einen Verwundeten, ob er ihn über die Grenze tragen dürfe, nahm ihn auf den Rücken, trug ihn hinüber, und keiner von beiden wurde kontrolliert.

Seinen scharfen Blick und seine praktische Phantasie erlebte ich, als wir im Winter 1945/46 zu dritt – Weizsäcker, Axel Bussche und ich – nach Nürnberg zum Internationalen Gericht fuhren, weil wir sehen wollten, wie sich die ehemaligen Nazi-Größen Streicher, Göring, Ribbentrop und Genossen, die in dem Hauptkriegsverbrecherprozeß vor Gericht standen, dort ausnehmen und wie wohl die Alliierten Recht sprechen.

Wir konnten extravaganterweise mit dem Auto nach Nürnberg fahren, weil Axel von dem Bussche, der als junger Offizier in den letzten Monaten des Krieges ein Bein und drei Finger der rechten Hand verloren hatte, über einen uralten DKV verfügte. Axel war es, der sich im Herbst 1943 für ein Attentat auf Hitler zur Verfügung gestellt hatte. Vorgesehen war, daß er sich bei einer Vorführung moderner Ausrüstung zusammen mit Hitler in die Luft sprengen würde. Es kam schließlich nicht dazu, weil in der Nacht zuvor Berlin von alliierten Fliegern so zerstört worden war, daß alle Veranstaltungen abgesagt werden mußten. So fuhr er damals unverrichteter Dinge zurück an die Front, wo er schwer verwundet wurde.

Wir fuhren also nach Nürnberg zum Palais de Justice, in dem das Gericht tagte. Vor dem Eingang standen rechts und links zwei amerikanische Panzer – das Geschütz auf die Besucher gerichtet. Ich saß hinten im Auto und hörte, wie plötzlich der eine der beiden Freunde sagte: »Jetzt müßte man die Panzer umdrehen.« »Ja«, rief der andere ganz entzückt, »die Besatzung raus und wir rein.«

»Was ist denn in euch gefahren?« Ihre Erklärung: »Jene Verbrecher haben sich an uns genauso versündigt wie an den anderen, darum müssen wir mit am Richtertisch sitzen.« In diesem Fall war ich froh, daß Weizsäckers Fähigkeit zu rascher Entscheidung nicht zur Ausführung gelangte.

Richard von Weizsäcker hat das Schicksal der Deutschen während der letzten fünfzig Jahre in allen Phasen durchlitten. Am zweiten Tag des Krieges, im September 1939, fiel sein Bruder, der beim selben Regiment stand. Der neunzehnjährige Richard hielt in jener Nacht in der Tuchler Heide die Totenwache bei ihm. Schwere Zeiten folgten im Winter 1941/42 in Rußland. Das Regiment, Normalbestand 2500 Mann, hatte am Schluß eine Gefechtsstärke von nur noch 300 Mann.

Im November 1944, als der Endkampf im Finnischen Meerbusen um die Halbinsel Sworgo begann, traf ein Befehl Hitlers ein: »Es kommt mir keiner von der Insel, es sei denn, nach Sibirien.« Nach fünf Tagen blutigen Grauens mußten die Deutschen aufgeben, zu den wenigen Überlebenden gehörte Weizsäcker. Neue Schrecken folgten: Im April 45 wurde sein Regiment im Endkampf um Ostpreußen eingesetzt. Hauptmann von Weizsäcker kam als einer der letzten, verwundet, über den Brückenkopf heraus. Er wurde auf die Nehrung transportiert, dann von Pillau nach Kopenhagen.

Als der Krieg endlich zu Ende war, warteten neue, deprimierende Ereignisse auf ihn. Sein Vater, Staatssekretär im Auswärtigen Amt unter Ribbentrop, wurde im »Wilhelmstraßenprozeß« in Nürnberg vor Gericht gestellt. Ernst von Weizsäcker, ein Mann, der seine Aufgabe darin gesehen hatte zu versuchen, Hitlers Krieg zu verhindern, und der sich bemühte, als dieser ausgebrochen war, wenigstens die unsinnigsten Maßnahmen abzumildern, wurde von den Amerikanern für Hitlers Angriffskrieg verantwortlich gemacht.

Während anderthalb Jahren arbeitete der Student der Jurisprudenz, Richard von Weizsäcker, bei Hellmuth Becker, dem Verteidiger seines Vaters. Damals mußte er noch einmal in die Schrecken der Nazizeit eintauchen und sich mit der unauflöslichen Problematik von Schuld, vergeblichem Bemühen und unvermeidlicher Verstrickung beschäftigen.

Nachdem er sein Studium mit dem Assessor- und Doktorexamen abgeschlossen hatte, ging er zunächst für einige Jahre in die Industrie, wo er bald führende Stellungen bekleidete. Auf die Dauer aber konnte ihn dies nicht befriedigen. Sein Sinn stand nach Aufgaben, die die Allgemeinheit betreffen, nach Politik im weitesten Sinne.

Dieses Verlangen hat ihn auf weitverzweigte Wege geführt: Kirchentagspräsident, Bundestagsabgeordneter (er war 1954 in die CDU eingetreten), Mitglied des Bundesvorstands der Partei (übrigens jedesmal mit der höchsten Stimmenzahl gewählt), Leiter der Grundsatzkommission der CDU (niemand in der CDU hat so viel über die ethischen Grundlagen und die theoretische Basis der Partei nachgedacht wie er); ferner Vizepräsident des Bundestages, Regierender Bürgermeister von Berlin und schließlich Bundespräsident. Zwei Dinge waren ihm in seinem politischen Leben stets von existentieller Wichtigkeit: das Schicksal Deutschlands in langfristiger Perspektive und die Auseinandersetzung mit den Grundwerten der modernen Gesellschaft.

Er war es, der im Frühjahr 1972 die Ratifizierung der Brandtschen Ostverträge gerettet hat. Die Sache war damals sehr schwierig, weil Regierung und Opposition im Parlament über die gleiche Anzahl von Sitzen verfügte; jeder hatte 248 Stimmen. Weizsäcker hatte zusammen mit Erik Blumenfeld und einem dritten in der Fraktionssitzung den Zorn der CDU-Kollegen entfesselt, weil er für Ratifizierung plädierte. Die Abstimmung mußte verschoben werden. Schließlich gelang es Weizsäcker mit zwei Reden im Plenum, die CDU/CSU zur Stimmenthaltung zu bewegen und damit die Ratifizierung zu ermöglichen.

Als Regierender Bürgermeister von Berlin war er übrigens der erste in diesem Amt, der im September 1983 in die DDR reiste, wo er in seiner Eigenschaft als Ratsmitglied der Evangelischen Kirche in der Wittenberger Stadtkirche – der Kirche Martin Luthers – sprechen durfte.

Überall, gerade auch in Berlin, hat ihn seine Fähigkeit zum Vermitteln und zum Kompromiß, bei zäher Verhandlung in liebenswürdigster Form, schwere Situationen meistern lassen. Dabei kam ihm die seltene Mischung von Skepsis und Güte zu Hilfe, von großem Ernst und schnellem Witz, von stets präsentem Humor bei gleichzeitigem Wissen um die Abgründigkeit der Menschen und ihrer Geschichte.

Als er nach Berlin kam, galt die Stadt als unregierbar: Hausbesetzungen, Bauskandale, Korruption,

Filz. »Die Stadt geht langsam vor die Hunde«, war eine weitverbreitete Meinung. Die Jahre von 1981–84 reichten natürlich nicht aus, um die Situation grundlegend zu verändern, aber das Klima hat er doch verändert. Es wurde menschlicher, weniger aggressiv; es gab am Schluß nur noch 20 besetzte Häuser, nicht mehr 170.

Weizsäcker ist als moralische Autorität unangefochten. Ich kenne keinen anderen in diesem Lande, dem alle zuhören, wenn er spricht: die Jungen und die Alten, die Rechten und die Linken. Der Grund dafür ist seine Lauterkeit und seine Glaubwürdigkeit. Eine Rolle spielen sicher auch die vielseitigen Erfahrungen, die er in den verschiedensten Bereichen gesammelt hat und die ihn instand setzen, sich ein oft probates, stets nüchternes Urteil zu bilden. Der Eindruck schließlich, daß ihm das Ganze mehr am Herzen liegt als seine Partei, die *res publica* mehr als die eigene Karriere, trägt ebenfalls zu seiner Glaubwürdigkeit bei.

Daß er nach und nach zu einer überparteilichen Integrationsfigur geworden ist, hängt mit dieser besonderen Art von Autorität zusammen. Sie beruht nicht auf Macht, sondern speist sich aus tieferen Quellen.

Als ein Mensch mit religiösen Bindungen ist er nicht der Versuchung ausgesetzt, denen die meisten Mächtigen verfallen, die auf keine Signale mehr achten, sondern allein *ihre* Erkenntnisse für relevant und *ihren* Willen für entscheidend halten. Von solcher *arrogance of power* ist der, der eine höhere Macht über sich weiß, weit entfernt. Und auch von der anderen Anfechtung, der Leute in einsamer Höhe oft anheimfallen, ist er verschont geblieben: Den Kontakt mit unten hat er nicht verloren, davor hat ihn sein *bon sens,* sein gesunder Menschenverstand, bewahrt. Müßte man seine Eigenschaften in zwei Worten zusammenfassen, so würden sie Maß und Vernunft heißen.

Hat Richard von Weizsäcker denn keine Feinde? Feinde, die ihm Böses wünschen, glaube ich nicht, aber Leute, die sich über ihn ärgern, gibt es genug, auch und gerade in seiner Partei. Da gibt es solche, die finden, daß er eigentlich ein *outsider* in ihrem Kreise sei. Sie meinen, er solle nicht soviel über Ethik nachdenken, sondern lieber etwas für die Partei tun. Er sei, so heißt es, in den Niederungen der Politik ein vornehmer Mensch geblieben, der schöne Reden halte, aber darauf könne sich die Politik nicht beschränken. Und da sind andere, die meinen, er solle nicht immer wieder an die Schuld der Deutschen erinnern: 45 Jahre, fast ein halbes Jahrhundert, das sei doch nun wirklich genug.

Weizsäcker denkt da ganz anders. In seiner berühmten Rede am 8. Mai 1985 sagte er: »Gewiß, es gibt kaum einen Staat, der in seiner Geschichte immer frei blieb von schuldhafter Verstrickung in Krieg und Gewalt. Der Völkermord an den Juden aber ist beispiellos in der Geschichte. Die Ausführung des Verbrechens lag in der Hand weniger. Vor den Augen der Öffentlichkeit wurde es abgeschirmt. Aber jeder Deutsche konnte miterleben, was jüdische Mitbürger erleiden mußten, von kalter Gleichgültigkeit über versteckte Intoleranz bis zu offenem Haß. Wer konnte arglos bleiben nach den Bränden der Synagogen, den Plünderungen, der Stigmatisierung mit dem

Judenstern, dem Rechtsentzug, der unaufhörlichen Schändung der menschlichen Würde.«

Sein Resümee: »Wir alle, ob schuldig oder nicht, ob alt oder jung, müssen die Vergangenheit annehmen, wir müssen uns erinnern, denn ohne Erinnerung kann es keine Versöhnung geben.«

Der Bundespräsident hat keine Machtmittel, er kann nur durch seine Persönlichkeit wirken, durch seine Reden und sein balanciertes Denken, das zur Orientierungshilfe für die Bürger geworden ist. Richard von Weizsäcker ist ein eindrucksvoller Redner: klar in der Analyse; stets eine Dimension tiefer pflügend als andere; skeptisch, aber voller Zuversicht; nüchtern, doch stets mitfühlend; und immer bei allen Argumenten der anderen – ob Freund oder Feind – mitdenkend. Wenn man Macht als die Fähigkeit definiert, Entscheidungen anderer zu beeinflussen, dann hat dieser Bundespräsident, der *ex officio* so wenige Kompetenzen besitzt, besonders viel Macht.

In seiner Person ist in gewisser Weise die Spannung zwischen Macht und Moral aufgehoben. Das mag auch damit zusammenhängen, daß er ein wirklichkeitsnaher Politiker ist und kein blindwütiger Idealist oder Purist, im Gegenteil, er warnt vor Idealisierung.

»Demokratie«, sagt er, »bedeutet das Zusammenleben der Menschen so, wie sie sind, zu organisieren, nicht aber, aus den Menschen etwas machen zu wollen, was sie nicht sind. Die Leute, die gewählt werden, sind Repräsentanten, nicht Olympier.«

Oft beschäftigt ihn die Rolle der Intellektuellen, besonders das Verhältnis von Kultur und Politik, sowohl zueinander wie gegeneinander. In einem Gespräch mit Ulrich Greiner, dem Feuilletonchef der

ZEIT, antwortete er auf die Frage, was er unter politischer Kultur verstehe, daß für ihn Kultur eine Lebensweise sei, eben darum habe es auch Sinn, von politischer Kultur zu sprechen. Es handelt sich bei Kultur nach seinem Verständnis nicht primär um Kunst, also Musik, Literatur und Malerei; Kultur müsse vielmehr dem Wortstamm entsprechen, »anbauen und pflegen«. Das heißt: Die Menschen müssen einander mit möglichst hoher Sensibilität begegnen.

Einwand von Greiner: »Kunst ist aber nicht nur Kultur im Sinne von beherrschter Menschlichkeit, sondern ist auch Widerstand, Obstruktion, Zerstörung. Das gilt für die gesamte moderne Kunst. Das erklärt doch den Zwiespalt zwischen Geist und Politik.«

Die Antwort Weizsäckers: »Der Politiker widmet sich in kleinem, anstrengenden Bemühen der Bewältigung von Tagesfragen, die gegenüber dem Vollkommenen von nur sehr relativer Bedeutung sind. Der Künstler, der nach dem Ganzen fragt und nach den tieferen Wurzeln, will das Vollendete hervorbringen. Das ist ein Anspruch, der ihn immer wieder in Verzweiflung treibt und ihn auf Widerstand und Zerstörung des real Existierenden, als des Unvollkommenen, sinnen läßt.«

Bei der Feier von Helmut Kohls sechzigstem Geburtstag hat mancher sich gewundert, daß Altbundespräsident Carstens auf der langen Rednerliste verzeichnet stand, nicht aber der amtierende Bundespräsident, der ebenfalls zugegen war. Als alle Redner geendet hatten, stand Weizsäcker auf und sagte: »Ein Mitglied der CDU/CSU hat neulich erklärt, der Bundespräsident könne reden, wann er will und was er will; von dieser Genehmigung mache ich jetzt Gebrauch...«, und dann brachte er seine Glückwünsche zum Ausdruck.

Manche Politiker neiden Weizsäcker die Gelassenheit, mit der er gelegentlich zu außenpolitischen Problemen Stellung nimmt. So hat ein klares Wort zur polnischen Westgrenze in seiner Weihnachtsansprache 1989 den Zorn Czajas – Präsident des Bundes der Vertriebenen – und einiger anderer herausgefordert. Czaja berief sich auf den »Verfassungsgehorsam« des Bundespräsidenten und erklärte, dieser habe kein in der Verfassung verankertes Recht, »selbstherrlich (...) über die Zukunft und die Heimat der Ostdeutschen zu entscheiden«.

Eine Antwort darauf hat Weizsäcker in einem Interview mit der *Welt* gegeben. Er sagte: »Von den Aufgaben, die mir zufallen, ist eine zwar nicht öffentlich hörbar, aber der Tagespolitik relativ nahe; die Außenpolitik. Hinter dem, was das Grundgesetz die völkerrechtliche Vertretung der Bundesrepublik nennt, steht ein nahezu täglicher Kontakt mit ausländischen Besuchern sowie meine vielen Reisen ins Ausland. Diese Kontakte sind Bestandteil der Außenpolitik der Bundesrepublik und erfolgen in engster und problemfreier Abstimmung mit der Bundesregierung.«

Vernunft regiert auch seine außenpolitische Einstellung. Schon in den sechziger Jahren ist er für Entspannung eingetreten, desgleichen für ein Europa, das über die »Blockgrenze« hinausgreift.

In Weizsäckers Freude über die neue Entwicklung in der DDR mischt sich die Sorge, eine künftige Einheit könne sich in wirtschaftlicher Zielsetzung erschöpfen und das Positive verschütten, was die Bürger der DDR einzubringen vermögen. Sie kommen doch nicht nur als Nehmende, sondern ganz gewiß auch als Gebende in ein neu sich bildendes Europa. Wir müßten ihre Selbstachtung stärken, nicht sie unterminieren; es gehe nicht an, daß sie unsere Verhaltensweise, unsere Urteile und Wertvorstellungen einfach übernehmen müssen. Das Ganze sollte schon mehr sein als die beiden einzelnen Teile, meint er.

Weizsäcker sieht eine große Chance darin, daß die Möglichkeit zur Einheit Deutschlands sich just in dem Moment entwickelt, in dem die Integration Europas sozusagen in Arbeit ist. Das werde uns vor der Überbetonung des Nationalen schützen und die Errichtung eines neuen Sicherheitssystems erleichtern.

Im übrigen: »Die Leute von drüben, die noch nicht gewohnt sind, vor der Kamera gleich zu antworten, bringen uns bei, wie wohltuend es ist, wenn sie erst denken und dann sprechen. Und Parteien, die sich neu bilden, zeigen uns, daß es gilt, sich zunächst zu fragen, was um der Sache willen zu geschehen hat, und erst danach, wie man Stimmen dafür gewinnt.«

Ja, wie wahr.

(1990)

Freund Kopelew:
»Nur meinem Gewissen verantwortlich«

Bei der Beisetzung von Boris Pasternak in Moskau trat plötzlich ein junger Mensch an das offene Grab und sprach einen Vers des Dichters, ein zweiter folgte ihm, und dann löste sich einer nach dem anderen aus der umstehenden Menge, Freunde wie Fremde traten vor, sprachen auswendig ein paar Strophen, gingen zurück und tauchten wieder unter. Ich glaube, es gibt kein zweites Land, in dem Literatur und Dichtung eine so große Rolle spielen wie in Rußland. Ungezählte Monatszeitschriften in hoher Auflage sind am ersten Tag ausverkauft. Literarische Vorträge im kleinen Freundeskreis sind ebenso häufig wie große öffentliche Diskussionen mit zeitgenössischen Autoren.

Eine Vorstellung von der großen Popularität literarischer Werke in Rußland habe ich eigentlich erst durch meinen Freund Lew Kopelew bekommen. Lew ist Germanist, Literaturkritiker und Theaterwissenschaftler. Leider ist er vor einigen Jahren in Ungnade gefallen, so daß in der Sowjetunion seit langer Zeit nichts mehr von ihm veröffentlicht wurde. Erst im August 1990 hat ihn Staatspräsident Gorbatschow rehabilitiert.

Ich habe vieles von ihm gelernt: Daß die deutschen

Aufklärer des achtzehnten Jahrhunderts von Gottsched bis Schlözer die Werke ihrer russischen Kollegen ins Deutsche übersetzt haben; daß die Jugendfreunde Goethes, Lenz und Klinger, nach Rußland auswanderten, weil die Sehnsucht sie dorthin trieb; daß Herder russische und ukrainische Lyrik übersetzte, daß es von Chamisso Nachdichtungen russischer Dichter gibt; daß Heine, der unter dem Einfluß des Dichters Tjutschew erwog, nach Rußland zu gehen, seinen jüngeren Bruder überredete, eine Stelle als Militärarzt in der russischen Armee anzunehmen.

Karl August Varnhagen von Ense, der Freund Goethes und Heines, war, so Kopelew, der erste, der die »weltliterarische« Bedeutung Puschkins in einer Rezension hervorhob und als erster dessen Werke übersetzte. Von Rilke, der um die Jahrhundertwende Tolstoi und den Maler Repin besuchte, der Werke von Lermontow, Dostojewskij und Tschechow ins Deutsche übertrug, der Pasternak und Gorki kannte – von Rilke bis zu Heinrich Böll, dessen Bücher in Millionen-Auflage in der Sowjetunion gelesen werden, hat es über die letzten zwei Jahrhunderte einen regen literarischen Austausch zwischen den beiden Völkern gegeben.

Die Regierenden freilich, die stets die Freiheit des Geistes fürchteten, waren nie sehr angetan von diesen Kontakten. In seinem Essay »Faust in Rußland«, der in der Fischer-Reihe erschienen ist, schreibt Kopelew über die Zeit nach dem Dekabristen-Aufstand: »Eine Hofdame erinnert sich an die Empörung Zar Nikolaus I., als er erfuhr, daß seine Frau (eine Tochter der preußischen Königin Luise) am ›Faust‹ Gefallen fand: ›Diese Wirrköpfe Schiller, Goethe und ähnliche

Schurken haben das ganze jetzige Durcheinander vorbereitet.‹«

In Kopelews Essay heißt es weiter: »Die ersten russischen Faust-Ausgaben wurden denn auch von der Zensur rigoros bearbeitet: Der Prolog im Himmel entweder ganz gestrichen oder stark gekürzt; die Anrede ›Herr‹ durch ›reiner Geist‹ ersetzt; das Faust-Gespräch über die Religion gestrichen; im Flohlied hieß es statt ›König‹ ›alte Dame‹.«

Wenn man Lew Kopelew und seine Frau Raja – sie ist Amerikanistin – in ihrer Wohnung in Moskau besucht, einerlei zu welcher Tageszeit, klingelt das Telefon bestimmt ununterbrochen: Ein Theaterintendant fragt um Rat, er wolle ein Stück von Goethe in der nächsten Saison aufführen – was wohl am geeignetsten sei? (Kopelew sagt: »Natürlich ›Egmont‹.«) Ein Student ruft an, er sitze an einer Dissertation über ein Thema aus der deutschen Literatur – was soll er lesen? (Kopelew nennt ihm zwei Werke.) Eine Lehrerin fragt, wann sein Vortrag über Rilke stattfindet und ob sie teilnehmen dürfe...

»Lew kann einfach nicht nein sagen«, klagt Raja, »für jeden ist er da, selbst aber kommt er zu nichts. Soviel Hilfsbereitschaft bedeutet doch schließlich, daß irgendwo anders jemand beraubt wird oder irgend etwas Schaden leidet: Seine Gesundheit, seine Kraft, seine Zeit. Lew aber gibt jedem etwas: Rat, Bücher oder mindestens Zeit, und die wird doch immer kostbarer, je älter er wird und je weniger Zeit ihm bleibt. Er prüft die Arbeiten von irgendwelchen Kandidaten – gescheiten oder törichten –, natürlich, ohne je etwas dafür zu fordern. Er tut viel mehr als ein normaler Professor an der Universität. Es gibt zu viele

Freunde, Kameraden, Kollegen, Bekannte – oft müssen wir aus Moskau flüchten, damit er mal zu sich selbst kommt.«

Raja hat recht, Lew ist die Güte in Person. Und er ist dabei auch noch lustig – er kann lachen wie kaum ein anderer, was nach neun Jahren in Stalins Lagern und Gefängnissen eine schier überirdische Leistung ist. Wenn der hochgewachsene, bärtige Mann, der einer Ikone oder einem Tolstoischen Roman entstiegen sein könnte, die Arme ausbreitet, um einen Freund zu begrüßen, dann geht jedem das Herz auf.

Immer fühlt er sich verantwortlich. Jeder Hilferuf scheint sich speziell an ihn zu richten. Und immer ist er bereit, steht er zur Verfügung. Typisch ist folgende Geschichte: Lew war sehr krank gewesen, hatte drei Wochen im Krankenhaus zugebracht – Herzinfarkt. Er mußte sich schonen, war selber ängstlich geworden, lag viel im Bett, fühlte sich außerstande, schwere Dinge zu tragen oder andere physische Arbeit zu verrichten. An einem schönen Sonnentag ging Raja mit ihm am Strand der Moskwa spazieren. Plötzlich ein lauter Hilfeschrei: ein kleines Mädchen war hinausgeschwommen und ging plötzlich unter. Es war ein Sonntag, viele Leute am Strand, ein paar junge Leute schon im Wasser – aber der erste, der wie ein Blitz zu der Stelle schoß und tauchte, war Lew.

Seine politischen Protest- und Rettungsaktionen sind genauso spontan: Von Sinjawskij hatte er nur gehört, und von Daniel kannte er noch nicht einmal den Namen, aber als die beiden in Schwierigkeiten gerieten – es war im Februar 1966 –, hatte er sofort das Gefühl: »Ich muß helfen.« Und so war er unter den ersten drei, die protestierten. Einen anderen Dissidenten, der in eine Irrenanstalt eingeliefert worden war, kannte er nur wenig, mißbilligte dessen Ansichten auch zum Teil, aber als er hörte, wie schlecht es jenem dort erging, setzte er sich hin und schrieb einen Brief an den Chef der Anstalt: »Wir sind alle Menschen, wir wollen alle von unseren Kindern geachtet werden, auch Sie wollen doch den Ihren ohne Scham in die Augen blicken. Sie können dem Gefangenen, der ein nobler Mann ist, nicht die Freiheit geben, aber soviel Macht, daß Sie seine Existenz erträglich gestalten können, haben Sie.« Später erfuhr er, daß der Betreffende von jenem Moment an Bücher, Papier, Feder und etwas mehr zu essen bekommen hatte.

Wenn man Lew auf diese Aktivitäten anspricht und dabei ein wenig die Stirn runzelt, sagt er: »Ich zahle doch nur meine Schulden ab.« Und erklärend fügt er hinzu: »Als ich seinerzeit verhaftet wurde, haben meine Freunde protestiert, einige sogar an Stalin geschrieben, was damals lebensgefährlich war.«

Noch vor dem Einmarsch in Ostpreußen hatten unter den Parteifunktionären lange Auseinandersetzungen über das Verhalten den Deutschen gegenüber stattgefunden. Als es dann schließlich soweit war und sich die bisher nur in der Theorie bestehenden Differenzen in der Realität manifestierten, war der Eklat unvermeidlich. Der *Natschalnik* und der oberste Chef genossen die »Begleiterscheinungen« des siegreichen Einmarsches. Lews Zorn aber stieg und stieg.

Er trat in der Parteizelle gegen die beiden auf; da inzwischen Plünderungen und Vergewaltigungen vom Frontkommando unter Strafe gestellt worden waren, befürchteten sie eine Anzeige und kamen dem zuvor. Im März 1945 wurde Lew aus der Partei ausgeschlossen, seines Postens enthoben und bald darauf im Raum von Danzig im Lazarett, wo er schwer verwundet lag, verhaftet.

Die Anklage lautete: »Bürgerlich-humanistische Propaganda des Mitleids mit dem Feind. Nichterfüllung von Befehlen, Verleumdung der eigenen Truppenführung, der sowjetischen Presse, des Schriftstellers Ilja Ehrenburg und der Verbündeten.« Der Verbündeten? Lew, der ja überzeugter Kommunist war, hatte darauf hingewiesen, daß Churchill und Roosevelt imperialistische Politiker sind und daß sie daher nur provisorisch Alliierte sein könnten. Er glaubte, sobald das Hitler-System endgültig zusammengebrochen sei, daß die Sowjets mit den deutschen Antifaschisten und Antiimperialisten den ideologischen Kampf gegen die Churchills und Roosevelts gemeinsam führen sollten, denn nach seiner Meinung hätten die deutschen Arbeiter, das deutsche Volk die wahren Verbündeten sein müssen.

Unter dem Eindruck des Kriegselends lehnte das Fronttribunal das Verfahren ab, aber die KGB-Beamten schickten die Akte nach Moskau, wo sich ein Ferngericht in Abwesenheit des Angeklagten der Sache annahm: Kopelew und mehrere Schicksalsgefährten wurden kurzerhand ins Lager abgeschoben. Verschiedene Proteste, Gnadengesuche, Bittschriften führten dazu, daß Lew – noch immer ohne Urteil – im Spätsommer 1946 zu einer neuen Untersuchung aus dem Lager in das Moskauer Gefängnis überführt wurde.

Im Dezember sprach ihn das Tribunal des Moskauer Wehrkreises frei, und am 4. Januar 1947 durfte er nach Hause gehen. Aber nach zwei Monaten hatten »die Harten« sich wieder durchgesetzt – er wurde von neuem verhaftet und die Anklage wieder aufgewärmt. Sie lautete diesmal verkürzt: »Verleumdung der Führung, Zersetzung der Truppe durch feindfreundliche Propaganda und bürgerlicher Humanismus.«

Im Mai 1947 wurde er zu drei Jahren verurteilt. Dem Staatsanwalt war das zu wenig, und so erhielt er in einer neuen Gerichtssitzung zehn Jahre, zuzüglich fünf Jahre Entzug aller Bürgerrechte. Als er aus diesem Schock erwachte, befand er sich »Im ersten Kreis der Hölle«, zusammen mit Solschenizyn.

»Dürfen die Leute eigentlich wissen«, so fragte ich ihn einmal, »daß du in Solschenizyns Roman als Lew Rubin eine der Hauptrollen spielst?«

»Warum nicht? Nur bitte berücksichtige, daß er den Kerl noch naiver und dümmer darstellt, als ich damals schon ohnehin war.«

»Im ersten Kreis der Hölle« blieb Lew bis 1950, aber die Freiheit sah er erst im Dezember 1954, nach insgesamt neun Jahren und neun Monaten Haft, wieder. Rehabilitiert wurde er dann schließlich 1956, übrigens zugleich mit sieben Freunden, die sich für ihn eingesetzt hatten und deshalb aus der Armee und dem Lehramt ausgestoßen worden waren. Auch die Richter, die ihn freigesprochen und die, die ihn zu milde mit nur drei Jahren bestraft hatten, waren damals entlassen worden und hatten Parteistrafen erhalten.

Ich staune immer wieder über Lew, am meisten aber bewundere ich an ihm die Freiheit, die er besitzt. Vielleicht sollte man besser sagen: die Freiheit, die er sich nimmt, die er aus dem Nichts gezaubert hat: »Ich

lebe *inspite of*«, schrieb er in einem seiner letzten
Briefe aus Moskau, »das ist auch eine Art von Freiheit, denn sie gibt mir die Möglichkeit, nur das zu
sagen und zu schreiben, was ich wirklich denke. Ich
bin keiner Instanz verantwortlich, nur meinem eigenen Gewissen. Ich gehöre zu keiner Partei, auch nicht
zu den Dissidenten. Ich glaube nicht mehr an ein
allgemein verpflichtendes Programm und charismati-
sche Verheißung. Mein Imperativ lautet, so zu leben
und zu handeln, daß man sich nie mehr seiner Taten
und Reden zu schämen braucht.«

(1976)

Theodor Eschenburg:
Praeceptor Germaniae

Die meisten Menschen meinen, mit der Verabschiedung des Grundgesetzes und mit Gründung der Bundesrepublik sei eigentlich das meiste schon getan. Aber vieles lag in den fünfziger Jahren noch im dunkeln, denn wir hatten wenig Erfahrung mit der Demokratie und ihren Erfordernissen.

Darum empfand die Redaktion der *ZEIT* damals das Bedürfnis, einen freien Mitarbeiter zu suchen, der für uns verfassungspolitische Fragen und Probleme der gesellschaftlichen Struktur kompetent bearbeiten könnte. Ich war zu jener Zeit Leiter des politischen Teils der *ZEIT* und begann also umherzuspähen. Sehr bald war klar:

Es gibt nur einen Professor, der das, was die *res publica* ausmacht, in alltäglichen Ereignissen aufspürt und dies als Fallstudie zu durchleuchten vermag; nur einen, der darauf verzichtet, seinen Ehrgeiz auf die Proklamierung neuer Theorien zu richten. Eschenburgs Ehrgeiz ist es, Lehrstücke für den Umgang mit dem Grundgesetz abzuhandeln und die politischen Institutionen der modernen Demokratie zu analysieren, auf ihren Gehalt abzuklopfen, Schäden aufzudecken und auf diese Weise unser Regierungssystem funktionsfähig zu erhalten.

Wenn man sich heute einmal die Themen vor Augen führt, die er in den ersten zwei Jahren als freier Mitarbeiter der *ZEIT* behandelt hat, sieht man sogleich, wie einzigartig sein Gespür für die politischen Alltagsfragen ist: »Abgeordneten-Intervention bei Behörden«; »Parteienfinanzierung«; »Korruptionsprozesse in der Republik«; »Nebenregierung durch Verbände«; »beurlaubte Staatsbeamte als Parteifunktionäre«; »das Problem der Abgeordnetenversorgung«; »alle Wahlen an einem Tag?« (also die Frage, ob Wahlen zum Bundestag und zu den Landtagen zeitlich so abgestimmt werden können, daß nicht in jedem Jahr Wahlen stattfinden und der Bürger aus der Unruhe gar nicht mehr herauskommt).

Für den damals ja noch jungen Staat waren die messerscharfen Analysen des Tübinger Professors, erwachsen aus seinem unbestechlichen Rechtsgefühl und unterfüttert mit einem weitverzweigten historischen Wissen, ganz unersetzlich. Viele haben den strengen Präzeptor sehr gefürchtet – wir haben ihn sehr geliebt. Wir haben unendlich viel von ihm gelernt und sehr viel mit ihm gelacht.

Wenn er zu den Konferenzen kam, war immer etwas los: interessante Informationen, ganz neue Gesichtspunkte zu uralten Problemen und herrliche Geschichten aus dem alten Lübeck oder dem neuen Bonn. Sein Erscheinen war immer begleitet von hektischen Suchaktionen und telefonischen Fahndungen nach irgendwelchen lebenswichtigen Gegenständen. Entweder war der Hut im Schlafwagen hängengeblieben oder der Mantel im Speisewagen. Nur von der Pfeife trennte er sich nie.

Als ich einmal Konrad Adenauer im Palais

Schaumburg besuchte, sagte er: »Jestern war de Eschenburg bei mir, isch dachte, der plant ne Attentat.« Und dann beschrieb er, wie aus Eschenburgs rechter Jackentasche plötzlich kleine Rauchwölkchen aufstiegen: Der Professor hatte wieder einmal die brennende Pfeife einfach in die Tasche gesteckt, anstatt sie im Vorzimmer auf dem Aschenbecher abzulegen.

Der Tübinger Professor gehört natürlich gar nicht nach Tübingen, sondern nach Lübeck. Die Eschenburgs sind seit dem 14. Jahrhundert als Lübecker Bürger ausgewiesen. Wer die herrliche alte Ordenskirche St. Marien in Lübeck besucht, kann feststellen, welche Rolle dieses Geschlecht in der alten Hansestadt gespielt hat.

Dort haben die Eschenburgs eine eigene Seitenkapelle ganz für sich, wie ich es sonst nur bei katholischen Grafen in Schlesien gesehen habe. In dieser hanseatisch schlichten, protestantisch strengen Kirche sind in einer großen Nische auf weißgetünchtem Grund in schwarzen Lettern, sparsam goldumrandet, die Namen der wichtigsten Eschenburgs verzeichnet: ein Bürgermeister, mehrere Senatoren und andere Würdenträger.

Der Bürgermeister war Theodor Eschenburgs Großvater, ein bemerkenswerter, souveräner Patriarch, reichstreu, aber preußenfeindlich – mindestens behandelte er den Teil des Kaisers, der den König von Preußen repräsentierte, als nicht existent – obgleich er selbst offenbar ein überzeugendes Vorbild für alles das war, was man als preußische Tugenden zu bezeichnen pflegt.

Die Regierenden Bürgermeister der Hansestädte

waren – das hat man heute ganz vergessen – bis zum Ende des Ersten Weltkriegs, entsprechend dem Hofzeremoniell, den Bundesfürsten gleichgestellt. Damit sie bei der Anrede, verglichen mit ihren Kollegen, den Königlichen Hoheiten und Durchlauchtigsten Fürsten nicht allzu nackt dastanden, hatte Wilhelm II. bestimmt, daß sie mit Magnifizenz anzureden seien. »Der Bürgermeister« – eben jener Großvater – benutzte, wie Theodor Eschenburg in seinem schönen Aufsatz über Lübeck beschreibt, »für hochoffizielle Reisen den früheren Salonwagen eines thüringischen Herzogs, den der Stadtstaat erworben hatte.«

Immer wieder hat uns entzückt, wie facettenreich der Enkel das Lübecker Milieu zu schildern weiß, das er als Vierzehnjähriger erlebt hat und das Thomas Mann so unnachahmlich in den »Buddenbrooks« beschrieben hat. Man weiß, wie angefochten Thomas Mann in seiner Vaterstadt war, deren Gesellschaft in jener Phase des *Fin de siècle* er ebenso treffend wie für die Betroffenen ärgerlich charakterisiert – die Lübecker meinten: kritisiert – hat.

Der junge Theo und seine gleichaltrige Cousine genossen in Auflehnung gegen die ältere Generation den Spötter Thomas Mann. Und als sie ihrer Bewunderung eines Tages so laut Ausdruck verliehen, daß der Herr Bürgermeister nicht umhinkonnte, dies zur Kenntnis zu nehmen, sagte er mit gleichsam erhobenem Zeigefinger: »Mathilde und ich, wir haben den Roman dieses Nestbeschmutzers nie gelesen und werden es auch nicht tun.« Damit war das Thema erledigt, Thomas Mann in Acht und Bann getan und die Jungen nicht in Unklarheit darüber gelassen, daß dieser Name in Zukunft nicht mehr genannt werden dürfe.

Einer der Eschenburgs – es muß um dieselbe Zeit gewesen sein – hatte in seinem Testament verfügt, daß weibliche Familienmitglieder, die einen Offizier heirateten, nur das Pflichtteil ausgezahlt bekämen, denn Offiziere wurden in der Kaufmannsstadt geringgeschätzt und nicht als voll geschäftsfähig angesehen. Den spöttischen Enkel amüsiert noch heute, daß jener Hagestolz dadurch gestraft wurde, daß er ausgerechnet an dem Tag starb, an dem die Erzbergsche Finanzreform in Krat trat. Hätte er 24 Stunden früher das Zeitliche gesegnet, wären die zu zahlenden Steuern um ein Vielfaches geringer gewesen.

Als der Professor wieder einmal bei uns in Hamburg war und an der Wochenkonferenz teilnahm, fragte ihn einer, der etwas hatte läuten hören: »Worum geht eigentlich Ihr Streit mit dem Postminister?« Eschenburg: »Hören Sie mal zu« – so fingen seine Antworten meistens an –, »da kommt doch tatsächlich eines Tages der Postbote zu mir und sagt: ›Hier ist ein Brief vom Bundespostminister – Dienstsache. Für den müssen Sie 20 Pfennige Strafporto zahlen.‹

›Nein‹, sage ich, ›Ihr Chef braucht seine Briefe nicht zu frankieren, folglich muß ich auch kein Strafporto zahlen.‹

Der Postbote: ›Tut mir leid, die 20 Pfennige sind gebucht, ich muß sie abliefern, sonst muß ich den Brief wieder mitnehmen.‹

Eschenburg, dem Neugier nicht fremd ist: ›Na gut, dann werde ich die 20 Pfennig zahlen.‹

Nun begann ein langer Prozeß, den der institutions-besessene Professor mit wachsendem Vergnügen immer weiter trieb: Er schreibt an den Präsidenten der Oberpostdirektion, mit Durchschlag an den Referenten im Bundespostministerium, schildert den Fall, beschwert sich und erhält postwendend folgende Antwort aus dem Ministerium: »Ich habe heute bei der Ministerbesprechung Ihren Fall vorgetragen. Auch der Staatssekretär sagte: ›Ausgerechnet bei Eschenburg muß das passieren!‹«

Am nächsten Tag Anruf – erst des Präsidenten der Oberpostdirektion, dann des zuständigen Postamtes: beiderseits große Entschuldigungen. Schließlich kommt der Postbote und bringt 20 Pfennige. Eschenburg steckt sie ein und sagt: »Nun müssen Sie aber eine Quittung haben.«

Antwort: »Nein, ich habe ausdrücklich Anweisung bekommen, keine Quittung entgegenzunehmen.« Entsetzter Ausruf: »Ihr seid mir schöne Brüder, von Haushalts-Gehorsam wißt ihr offenbar nichts!«

Der Stoßseufzer des Staatssekretärs im Bundespostministerium: »Ausgerechnet bei Eschenburg...« ist typisch. Auch wenn er in diesem Fall nicht ernst gemeint war: Unter den Ministern und in der höheren Ministerialbürokratie gibt es gewiß keinen, der diesen Fanatiker korrekten Stils nicht kennt, der diesen Plagegeist moralischer Integrität – der oft das Gewissen der Nation genannt worden ist – nicht fürchtet. Theodor Eschenburg, der stets vom konkreten Einzelfall ausgeht, hat ungleich mehr Wirkung als viele seiner Kollegen, die sich in den luftigen Höhen abstrakter Theoreme bewegen.

Und noch etwas, und das ist eigentlich sehr merkwürdig: Der Autor dieser vielschichtigen Kommentare zu Ereignissen des Tages – meist umfassen sie nicht mehr als vier bis fünf Seiten – schreibt ungewöhnlich trocken, und dennoch sind seine Auslassungen spannend, ja aufregend zu lesen, auch dort, wo es sich um scheinbar unpolitische Themen handelt. Zum Beispiel um »Tischordnung« oder um Gustav Freytags »Soll und Haben«.

Auch hat er den politischen Themenkatalog und die dafür relevante Terminologie entscheidend bereichert: Kanzlerdemokratie, Gefälligkeitsstaat, Herrschaft der Verbände – das sind Begriffe, die auf ihn zurückgehen und die zur Verständigung über die moderne Wirklichkeit ganz unentbehrlich geworden sind.

Schade, daß Meister Eschenburg nicht mehr nach Hamburg kommt. Die Konferenzen mit ihm waren stets unglaublich interessant, und – vor allem – sie waren immer lustig. Ich vermisse ihn sehr.

(1990)

Helmut Schmidt:
Das Mögliche möglich machen

Der Anfang war nicht gerade rosig: Als Helmut Schmidt 26jährig im Oktober 1945 aus englischer Gefangenschaft – »Wir hatten bis zum Wahnsinn gehungert« – nach Deutschland zurückkehrte, gab es kein Zuhause mehr. Die Wohnung in Hamburg war ausgebombt und seine Frau noch während des Krieges in eine billige Wohnung vor den Toren Berlins gezogen. Dort, in jenem kleinen Ort, liegt auch das erste Kind begraben. Berlin war damals, im Herbst 1945, eine einzige Ruinenlandschaft: riesige Schutthalden, so weit das Auge reichte, durchschnitten von tiefen Tälern, den ehemals breiten Straßen, die sich nun zu kleinen Fußwegen verengt hatten. Trampelpfaden gleich wanden sie sich bald rechts, bald links um einzelne zu Tal gerutschte Felsbrocken.

Geld hatten die Schmidts nicht, Aussicht auf bezahlte Arbeit auch nicht. Das Ehepaar beschloß, ins heimische Hamburg zurückzukehren. Zwar gab es auch dort nur Trümmer – aber wenigstens waren es vertraute Trümmer. Sie lebten vom Verkauf der Raucherkarten, später verdiente er etwas Geld mit Nebenarbeiten: Steuererklärungen für kleine Geschäftsleute und gelegentliche Schreibarbeiten für die Partei, während seine Frau Loki Lehrerin wurde.

Ein paar Wochen der Besinnung in Hamburg, dann begann Helmut Schmidt zu studieren. »Wir waren erfüllt von dem unbekannten Abenteuer geistigen Nicht-eingeengt-Seins, von der Suche nach einem neuen Deutschland, und wir genossen zum erstenmal im Leben die Wohltat der Meinungsfreiheit.« Er hatte sich immer für Architektur interessiert, hatte eigentlich Städteplaner werden wollen, aber dann mußte er das billigste Studium wählen, das, was am schnellsten ging: Volkswirtschaft. »Ich habe damals unheimlich viel gelesen und diskutiert und dabei mehr gelernt als in der Uni.« Diese Generation hatte schon zuviel hinter sich, als daß sie noch wie die vorangegangene gläubig zu den Professoren hätte aufblicken können – so gesehen begann schon damals der Umbruch, den später dann die Apo vollzog.

»Nachträglich hat sich ja nun herausgestellt, daß dies genau das richtige Studium war – oder halten Sie alles für Zufall?«

»Ich weiß nicht, ich glaube, wenn einer nicht eine ganz spezielle Begabung hat, die ausgebildet und gepflegt werden muß, dann ist es ziemlich gleichgültig, was er lernt. Wenn er was taugt, dann setzt er sich überall durch.«

»Was für Pläne und Absichten verbanden sich denn damals mit diesem Studium?«

»Überhaupt keine. Ich habe in meinem persönlichen Leben eigentlich nie geplant, aber ich hatte genug Selbstvertrauen, um zu wissen, daß ich es schon schaffen würde.«

»Und was war dieses Es?«

»Nicht unterzugehen und etwas Sinnvolles tun zu können.«

Es ist wahr, wenn man Helmut Schmidts Werdegang betrachtet, scheint sich eigentlich immer alles von selbst ergeben zu haben. So war es sicherlich ganz selbstverständlich, daß er als Student Bundesvorsitzender des SDS, des Sozialistischen Deutschen Studentenbundes, wurde; daß er nach Fritz Erlers Tod dessen Nachfolge als Fraktionsvorsitzender antrat; daß er und kein anderer als Nachfolger Willy Brandts ins Bundeskanzleramt einzog, als dieser im Mai 1974 plötzlich zurücktrat.

Und auch die andere Aussage ist zutreffend und überzeugend: Es ging ihm immer darum, etwas für sein Land und für die Allgemeinheit zu tun. Er würde nie sagen: für die Nation oder fürs Vaterland, weil das zu große Worte sind, aber im Grunde meint er genau dies. Der höchste Grad der Beschwörung, der ihm geläufigste Appell lautete: »Sie als Preuße müssen doch...«, wobei für ihn die Hanseaten, denen er sich sehr bewußt zugeordnet fühlt, offenbar in der Nähe der Preußen angesiedelt sind. Schmidt wurzelt sehr bewußt in seiner Vaterstadt. »Bei uns in Hamburg«, pflegte er auch als Bundeskanzler zu sagen.

Im Juli 1962 stand in der Hamburger *Welt* ein Dreisterne-Artikel, der mit den Worten begann: »Wenn ich nicht Berliner wäre, so würde ich gern für immer in Hamburg bleiben wollen, vielleicht auch in München – aber wo sonst noch in Deutschland? In Frankfurt verdienen sie zuviel Geld, in Düsseldorf zeigen sie es außerdem noch, in Stuttgart sind sie mir zu eifrig und in Neu-Bonn zu aufgeblasen. Es bleibt Hamburg, diese großartige Synthese einer Stadt aus Atlantik und Alster, aus Buddenbrooks und Bebel, aus Leben und Lebenlassen...«

Aber dann schüttelt der Autor dieses, wie er meint, schlafende Hamburg und zürnt mit ihm. Es sei nicht getan mit Grünflächen-Idyllen in jedem Stadtteil und mit neuen U-Bahnstrecken: »Es mag genug sein für die Stadt Hamburg – es ist zu wenig für das Land, zu dem wir alle gehören.« Trotz intensiver Recherchen stellte sich erst Jahre später heraus, daß Helmut Schmidt der Autor jenes Artikels war.

Als ich jetzt die Schriften Schmidts aus der Zeit vor der Kanzlerschaft las, war ich verblüfft, wie wenig dieser sich im Laufe der Jahre verändert hat. Zwar ist er ruhiger geworden und gebraucht nicht mehr so rüde Ausdrücke wie früher, auch hat er nicht mehr so häufig jene spontanen Zornesanfälle, die manchmal merkwürdig unbegründet erschienen – eher physiologisch als intellektuell bedingt –, aber seine Grundanschauung, seine politischen und moralischen Maßstäbe sind die gleichen geblieben.

Im Jahr 1948, damals, als er in Hamburg studierte und alles noch im Fluß war, Psychologie und Soziologie noch nicht popularisiert und vulgarisiert waren, sondern ein verhältnismäßig unbekanntes Feld darstellten, das die Deutschen erst zu entdecken begannen, denkt der junge Schmidt über gesellschaftliche Entwicklungen nach und stellt fest, daß der Klassenaufbau nicht der Vorhersage des Kommunistischen Manifests entspricht. Daß es nicht das Eigentum an Produktionsmitteln ist, das Macht verleiht – siehe die machtlosen Aktionäre im Verhältnis zu den mächtigen Konzernherren –, daß es aber eine »neue Klasse« von Funktionären und Bürokraten gibt, die die Gesellschaft bedrohen. Manch einer hat dies heute noch nicht verstanden. Er argumentiert gegen diejenigen, die da propagieren, die Sozialdemokratie solle eine Klassenpartei bleiben. Er findet, sie soll sich öffnen, soll mehr werden als dies.

Schmidts Forderungen zur Universitätsreform, die er 1948 in einem parteiinternen Mitteilungsblatt der Hamburger SPD veröffentlichte, klingen auch heute noch recht modern. Unter anderem forderte er damals, daß die Universitätsverfassungen den beharrenden Kräften nur die Rolle des Gegengewichts gegenüber den Vorwärtstreibenden einräumen sollten, vor allem auch bei der Berufung neuer Lehrkräfte. Ferner: Die Vorlesung sei zwar für die Darstellung großer Zusammenhänge unentbehrlich, für die Entwicklung der Urteilsfähigkeit und des selbständigen Denkens der Studenten müßten aber viel mehr Seminare eingerichtet werden – »das erfordert Berufung und ausreichende Besoldung einer größeren Zahl junger Dozenten und Assistenten«. Schließlich stellt er fest, Universitäten seien nicht dazu da, »Eintrittsscheine für eine gehobene Laufbahn« zu erteilen. Er wettert gegen das »Berechtigungs- und Laufbahnwesen«.

Seit jenen Studententagen hat die Politik Helmut Schmidt nicht wieder losgelassen. Unter Berufung auf Max Weber ist er der Meinung, um Politiker zu werden, müsse man drei Eigenschaften besitzen: Leidenschaft, Verantwortungsgefühl, Augenmaß; er selber fügt hinzu: Einfühlungsvermögen, Beredsamkeit und Zivilcourage gehörten ebenfalls dazu. Er hat viel darüber nachgedacht, was eigentlich den Führer in der Demokratie kennzeichnet, denn er ist überzeugt, daß ohne ihn die Demokratie nicht zu überleben vermag. »Sie bedarf der Führer – von Washington und Jefferson bis zu Kennedy, von Disraeli bis zu Churchill, von August Bebel über Friedrich Ebert bis zu Fritz Erler.«

Erforderlich sind nach seiner Meinung Sicherheit des Urteils, Fähigkeit zur umfassenden Analyse und Argumente, die zu überzeugen vermögen. Der Politiker müsse die in der konkreten Situation möglichen Ziele und Wege deutlich machen können; er müsse zweitens in der Lage sein, rasch Entscheidungen zu treffen, und drittens aufzeigen können, was zur Verwirklichung getan werden müsse. Schließlich müsse er auch das Verwalten gelernt haben, sonst sei er zum Scheitern verdammt: »Adenauers hervorragende Eignung zum Regierungschef hing eben zu einem Teil mit der Verwaltungserfahrung des langjährigen Kölner Oberbürgermeisters zusammen.«

Wenn ich beschreiben sollte, warum der Politiker Helmut Schmidt ein so erfolgreicher Staatsmann ist, dann würde ich sein Bild genau aus diesen Mosaiksteinen zusammensetzen: Er, der auf vielen Gebieten kompetent ist – Wirtschaft und Währung, Außenpolitik und Sicherheit –, vermag eine Situation oder ein Problem glasklar zu analysieren; er versteht abzuschätzen, was unter den obwaltenden Umständen machbar ist; er besitzt Entschlußfähigkeit, um die entsprechenden Entscheidungen zu treffen; und er verfügt schließlich über die notwendige Beredsamkeit und Formulierungsgabe, um die Leute zu überzeugen. Seine Urteilsfindung beginnt, wie er selber bekennt, immer mit einer instinktiven Reaktion, die er dann durch eigenes Nachdenken rational und sachbezogen prüft, um danach die gewonnene Erkenntnis im Gespräch mit mehreren, einzelnen oder in der Diskussion mit einem Team zu erhärten; meist stelle sich dabei heraus, daß der Instinkt recht gehabt hat. Schmidt liebt Diskussionen, vor allem solche, die *braintrust*-Charakter haben, aber nicht um ihrer selbst willen. »Seine Devise lautet: »Diskussionen müssen zu Ergebnissen, Ergebnisse zu Entscheidungen und Entscheidungen zu Taten führen.«

»Wenn sich etwas Außergewöhnliches, zum Beispiel ein Fall Guillaume, bei Ihnen ereignet, mit wem würden Sie das Bedürfnis haben, zuerst zu sprechen?«

»Nicht nur mit einem, mit mehreren, sicher mit Wehner, auch mit Brandt. Es kommt darauf an, worum es sich handelt: Beim Parlament ist meine Kontrolle Marie Schlei, in persönlichen Dingen mein Freund Berkhan, in bezug auf Außenpolitik häufig Sanne.« (Carl-Werner Sanne war Abteilungsleiter im Bundeskanzleramt.) Bei allen Genannten fügt er, quasi als Begründung, hinzu: Der oder die hat nämlich ein ganz unabhängiges Urteil. Die Bonner Korrespondenten und andere Beobachter beschreiben Helmut Schmidts Führungsstil so: Bei der morgendlichen Lagebesprechung, wie auch im Kabinett oder in Parteigremien, oft sogar auf der Rückreise von Gipfelbesprechungen oder Konferenzen, faßt der Bundeskanzler selbst die Ergebnisse für den Protokollführer zusammen und legt dann häufig dabei auch gleich das weitere Verfahren fest. Was sich als noch nicht entscheidungsreif erwiesen hat, wird in den Sitzungen ohne Umschweife abgesetzt. Seine Umgebung, also die unmittelbaren Mitarbeiter, sind so ausgesucht, daß nicht, wie zu Ehmkes Zeiten, hier und da Gerüchte entstehen – alle sind verschwiegen, schnell, präzis und leistungsfähig. Jeder faßt sich kurz, auch die Minister. Debatten, beispielsweise im Kabinett, ufern nicht mehr aus. Willy Brandt habe mit nie endender Geduld endlosen Debatten zugehört. Und oft sei solch eine lange Debatte dann mit der Bemerkung beendet worden, darüber müsse noch einmal geredet werden. »Helmut Schmidt dagegen greift sofort ein, wenn der Entscheidungsprozeß zu verschwimmen droht.«

Der Regierungschef, so sagen die Mitarbeiter, sei offen und freimütig im Gespräch, verlange dafür aber äußerste Diskretion. Sein Zwölf- bis Vierzehn-Stunden-Tag ist nach dem Prinzip der größtmöglichen Wirksamkeit eingeteilt; selten, daß einmal etwas Luft bleibt.

Der Präsident des Deutschen Forstwirtschaftsrats, der einmal bei ihm war, um über seine Sorgen zu berichten – vorgesehene Zeit: 20 Minuten –, wurde allerdings über eine Stunde festgehalten und war dann ganz beeindruckt von der Art und Weise, wie der Bundeskanzler die Gelegenheit benutzte, um etwas über ein ihm unbekanntes Gebiet zu erfahren: Wie man den Holzbestand pro Hektar mißt, mit welchen Methoden man den jährlichen Zuwachs ermittelt und so weiter.

Der Grund für die ungewöhnliche Verlängerung der Audienz mag auch gewesen sein, daß der Besucher ihm ein Bestimmungsbuch über Wasservögel mitgebracht hatte. Und so drehte sich denn die Unterhaltung eine ganze Weile um den Großen Brachvogel, um Wanderfalken und Strandläufer, während im Vorzimmer drei Minister warten mußten. Ein kritischer Kollege, dem ich diese Geschichte erzählte, meinte, zum erstenmal erscheine ihm dieser Kanzler richtig menschlich. Ornithologie ist eine geheime Leidenschaft von Helmut Schmidt. Es gibt deren auch noch weitere, beispielsweise Malerei und Musik. Er selbst spielt, wie man weiß, Orgel, und nur ungern verpaßt er interessante Ausstellungen, wobei die französischen Impressionisten und die deutschen Expressionisten seine Vorliebe sind. Als ich sein Hamburger Haus zum erstenmal nach dem Umbau, der nun doch nötig geworden war, wieder betrat, sagte ich bewundernd und ganz naiv: »Das muß aber ein erstaunlich geschickter Architekt gewesen sein.« Ich hatte Helmut Schmidt in zwanzig Jahren nie verlegen gesehen, jetzt aber schien er für einen Moment fast verwirrt: »So ein Lob habe ich noch nie bekommen – ich habe die Pläne nämlich selbst gezeichnet.«

Schmidt lebte für einen Regierungschef, noch dazu des potentesten Landes in Europa, sehr bescheiden. Er ist in dem Haus wohnen geblieben, das zu einer Siedlung der »Neuen Heimat« gehört; es befindet sich in Langenhorn, einem Vorort, in dem »man« in Hamburg eigentlich nicht wohnt. Sein Ferienhaus am Brahmsee in Schleswig-Holstein ist so winzig, daß – nachdem er Kanzler geworden war – daneben noch ein kleines Nebenhaus errichtet werden mußte für Büro und Fernschreiber und einen Schlafraum für die Leibwächter. Im ersten Sommer seiner Kanzlerschaft mußte er noch jedes Telefongespräch selber abnehmen: Der arglose Anrufer, der sich nur den Weg dorthin beschreiben lassen wollte, bekam einen rechten Schrecken, wenn ihm eine barsche Stimme: »Schmidt« entgegenschlug.

Helmut Schmidt kann sehr barsch, schroff abweisend sein, wenn er jemand nicht leiden mag. Überhaupt ist er in seiner Grundstimmung eher kühl und kurz angebunden, was vielleicht auf einer gewissen Unsicherheit beruht. Es fehlt ihm an Leichtigkeit – Liebenswürdigkeit ist nicht seine Stärke. Man hat oft das Gefühl, daß er ständig auf der Hut ist, jederzeit bereit, sich auf irgendeinen Unglücklichen, der sein Mißfallen erregt hat, zu stürzen. So ist er denn auch in der Diskussion oft aggressiver als nötig. Es gibt Leute, die meinen, er habe Ressentiments, die er nicht loswerden könne. Es kann aber auch sein, daß diese scheinbare Wesensart mehr eine unkontrollierte Verhaltensweise ist: die Kehrseite ständiger Konzentration und verhaltener Energie.

In für ihn sehr tpischer Weise hat sich damals, 1974, der Kabinettswechsel vollzogen. Brandt war am 7. Mai zurückgetreten und Schmidt am 16. Mai mit 267 von 492 Stimmen gewählt worden. Schon drei Tage nach seiner Nominierung hatte er das neue Kabinett beisammen. Fünf Minister waren sogleich ausgewechselt worden. Eine Woche später war die Regierungserklärung fertig. Im Kabinett änderte er sofort die Sitzordnung. Er setzte Wirtschaftsminister Friderichs und Finanzminister Apel dem Chefplatz gegenüber, »weil die immer am meisten reden müssen«. Und wenn die Fraktionsvorsitzenden hinzugezogen wurden, die bisher in solchen Fällen irgendwo am Rande saßen – was den heutigen Bundeskanzler seinerzeit offenbar geschmerzt hat –, dann wurden sie jetzt an privilegierter Stelle zwischen Friderichs und Apel placiert.

Der Zeitpunkt des Kanzlerwechsels war für Helmut Schmidt weiß Gott nicht günstig. Der große Erdrutsch der SPD bei den Hamburger Wahlen lag erst zwei Monate zurück: Die SPD war dort innerhalb von vier Jahren von 55,3 Prozent auf 44,9 Prozent gesunken, die CDU von 32,8 Prozent auf 40,6 Prozent gestiegen. Um den Trend zu wenden, blieb nicht mehr viel Zeit, denn danach folgten die Länderwahlen Schlag auf Schlag: im Juni 1974 Niedersachsen, im Oktober Bayern und Hessen. Nirgends erreichten die Verluste der SPD das Ausmaß des Hamburger Debakels, aber Einbußen von drei Prozent mußte die Partei überall hinnehmen.

Schon während der Jahre zuvor hatte Schmidt in privaten Gesprächen seinem Groll oft freien Lauf gelassen und in der Öffentlichkeit eine sehr kritische Sprache geführt. Er fand, es sei vor allem in der Periode von 1969 bis 1972 mehr versprochen worden, als man hätte halten können.

Im März 1974, zwei Monate vor dem Kanzlerwechsel, fand eine Fernsehsendung mit Merseburger und Nowottny statt, in der Schmidt dagegen polemisierte, daß die SPD als Ganzes – nicht nur die Regierung in Bonn – keinen klaren, eindeutigen Eindruck mehr mache; die SPD habe nach 1972 zu vielen neuen Mitgliedern gestattet, »irgendwelche schönen Rezepte zu verkünden und so aufzutreten, als sei dies die Meinung der Führung«.

Aufgefordert, Beispiele zu nennen, erinnerte Schmidt an den »Maklerbeschluß« (wegen des Maklerunwesens sollte der Berufsstand der Makler abgeschafft werden) und an die Aktion »gelber Punkt« (die den Eindruck erweckte, als sei allein die Gattung Einzelhändler an den Preissteigerungen schuld). Es gehe nicht an, meinte der damalige Wirtschaftsminister Schmidt, daß intelligente, wahrscheinlich gutwillige junge Akademiker in ihrer Eigenschaft als Jung-sozialisten politische Programme verkündeten, die dann manche Leute als Programm der SPD ernst nähmen. Die Wähler seien nicht zur CDU gegangen, weil sie diese Partei attraktiver fanden, sondern weil sie den Eindruck gewonnen hatten, »daß die SPD die Interessen junger Akademiker wichtiger nimmt als die Interessen der Arbeitnehmer«.

Und zwei Tage nach dieser Fernsehsendung, in der Sitzung des Parteivorstandes am 8. März 1974, ist seine Kritik noch schonungsloser: »Einer der we-sentlichen Eindrücke, den die Menschen in unserem Lande von Regensburg bis Flensburg haben, ist doch der, daß die SPD einen großen Teil, einen zu großen Teil ihrer Energie und Aktivität auf die innere Aus-einandersetzung verwendet. Dieses Bild der dauern-den inneren Auseinandersetzung, ohne daß ir-gendwo Klärung und Schlußstriche erfolgen oder neue Standpunkte bezogen werden und dann Schluß ist mit der Sache – dieses Bild ist seit Jahr und Tag gegeben…

Eines erwartet doch jeder Bürger von seiner Regie-rung: daß sie die klassischen Grundfunktionen des Staates anständig aufrechterhält, zum Beispiel wirt-schaftliche und soziale Sicherheit. Wenn wir den Eindruck machen sollten, daß wir selbst das nicht ganz hinkriegen, dann können wir an Programmatik und Reformversprechen oben draufsetzen, was wir wollen. Wir haben zunächst einmal, wie jedwede Re-gierung in jedem Lande, die klassischen Staatsfunk-tionen für den Bürger befriedigend zu erfüllen, und dazu gehört neben wirtschaftlicher und sozialer Si-cherheit auch: innere Sicherheit, innere öffentliche

Sicherheit und nicht die Beschimpfung der Polizisten, die für Sicherheit sorgen.«

»Den Wählern in der Mitte das zu verkaufen, was erst 1990 geschieht, das muß man Robert Jungk überlassen und den Futurologen«, sagte er 1974. »Die Sozialdemokratische Partei ist keine futurologische Seminareinrichtung, sondern eine Partei, die alle vier Jahre und zwischendurch noch in Kommunal- und Landtagskämpfen wiederum das Vertrauen braucht, das Vertrauen ihrer eigenen Leute plus dem Vertrauen der Mitte, die sich auch anders entscheiden könnte, falls wir sie verscheuchten.«

Helmut Schmidt spürte voller Unruhe und mit wachsendem Zorn, daß die Partei allmählich zerfranste und die Bürger sich enttäuscht und ärgerlich von ihr abwandten. Er wurde immer grantiger, mußte immer häufiger ins Krankenhaus. Für jemand, der zielstrebig ist, der zu wissen meint, was falsch ist und wie es besser gemacht werden könnte, war diese erzwungene Führungspassivität quälend. Lange schon schwankte er zwischen Widerstand und Resignation, und da Resignation dem Wesen eines so aktiven, so ungeduldigen Menschen von Grund auf zuwider ist, geriet er immer mehr in Konflikt mit sich selbst, wurde immer frustrierter. So war es für viele eine Überraschung, daß der während der letzten Jahre häufig kränkelnde Helmut Schmidt nach Übernahme des Kanzleramts nicht unter dem Streß und der größer gewordenen Last der Verantwortung zusammenbrach, sondern ganz im Gegenteil förmlich aufblühte. Unmittelbar nach der Wahl zum Bundeskanzler, noch am selben Tag, also am 16. Mai 1974, fand eine Sitzung der SPD-Bundestagsfraktion statt, in der Helmut Schmidt eine Art Manöverkritik hielt. Er sagte, nach dem Wahlsieg im Herbst 1972 »haben wir ein wenig das Augenmaß verloren. Wir haben mit einem Teil unserer Wähler keine Tuchfühlung mehr, zum Teil deswegen, weil wir uns übernommen haben und glaubten, man könne in vier Jahren einer Koalitionsregierung das Jahrhundert in die Schranken fordern und Dinge als machbar ankündigen, für die eine Generation erforderlich ist.«

Helmut Schmidt war entschlossen, keine Zeit zu verlieren. Immer hatte er wie ein Verrückter gearbeitet. Als Fraktionschef, als Verteidigungsminister, als Wirtschafts- und Finanzminister hatte sein Arbeitstag nur selten weniger als 14 Stunden betragen, jetzt beflügelte ihn noch größere Aktivität. Wie ein Wirbelwind fuhr er in alle Gassen und Ecken, trieb die Bürokraten zur Eile, rief die Jusos zur Ordnung, redete den Unternehmern ins Gewissen. Auf dem Landesparteitag der SPD in Hamburg im September 1974 herrschte der Bundeskanzler die verdutzten Parteigenossen an: »Was denkt ihr denn, was die Arbeiter interessiert bei Edelstahlwerk Witten AG? Oder die, die auf Kurzarbeit gesetzt sind bei VW oder bei NSU oder in Wolfsburg oder in Emden? Was denkt ihr denn, was die Angestellten der Hamburger Sparkasse oder der Iduna interessiert? Oder die Leute auf Howaldt? – Theoriedebatte ist etwas Notwendiges – mein Gott, ja; man braucht Grundlagen. Ich bilde mir ein, in meinem Leben dazu auch eine ganze Menge beigetragen zu haben – mit mehreren Büchern, mit einer Reihe wissenschaftlicher Aufsätze und auch mit einem ersten Entwurf zu einem Langzeitprogramm. Aber es ist etwas anderes, in seinem eigenen Studierzimmer mit seinen Genossen darüber zu reden oder dieses geistige Ringen quasi als Hauptinhalt einer Partei der öffentlichen Meinung darzustellen. Geht gefälligst hin in die Delegiertenversammlung der Gewerkschaften, in ihre Funktionärsversammlungen, geht gefälligst hin zu den Zusammenkünften der Arbeitnehmer unserer Partei, um zu begreifen, was die Arbeiter wirklich berührt. Und ersetzt dies nicht durch theoretische Bekenntnisse zu den Interessen der Arbeitnehmer.

Es gibt schwerwiegende weltwirtschaftliche Probleme, die 80 bis 100 Entwicklungsländer und 22 Industrieländer der Welt in diesem Jahr 1974/75 in schwerste Bedrückung bringen mit Inflation und Arbeitslosigkeit und daraus resultierenden sozialen Strukturproblemen. Guckt doch hin nach Italien, nach England, guckt hin nach Amerika mit beinahe schon sechs Prozent Arbeitslosigkeit! Ihr aber philosophiert über die Vergesellschaftung oder Nicht-Vergesellschaftung! Meine Güte noch einmal, dies ist eine Stadt, die genug Möglichkeiten hat, draußen die Welt einzufangen und zu lernen, was daraus zu lernen ist, und auch der Welt draußen zu helfen!

Die Weltwirtschaft ist in eine Krise geraten, die ihr nicht begreifen wollt. Ihr beschäftigt euch mit der Krise des eigenen Hirns statt mit den ökonomischen Bedingungen, mit denen wir es zu tun haben. Ja, ja, ja – es wird ja wohl auch innerhalb der eigenen Partei ein klares Wort erlaubt sein und nicht nur unseren Gegnern in der CDU/CSU gegenüber.«

Diese Rede löste bei den jungen Linken große Erbitterung aus. *Konkret* protestierte dagegen, daß jede Meinungsbildung mit der Drohung erstickt werde:

»Wer nicht kuscht, hat die nächste Wahlniederlage auf dem Gewissen.« Die Bundesvorsitzende der Jungsozialisten, Heidi Wieczorek-Zeul, hatte Schmidt schon nach seiner ersten Regierungserklärung im Mai 1974 vorgeworfen, er löse nur kurzfristig Stimmenprobleme und verstärke die antiintellektuelle Stimmung in der Bevölkerung. Ihr Stellvertreter, Johano Strasser, meinte, die gegenwärtige Regierungspolitik der SPD sei dazu angetan, die Parteibasis zu zerstören, vielleicht sogar, die Partei zu spalten. Der SPD-Abgeordnete Ulrich Lohmar konstatierte, mit Willy Brandt sei die Strategie der inneren Reformen geopfert worden.

Der neue Kanzler stößt bei vielen Intellektuellen, nicht nur bei den Jusos, auf Abwehr und Argwohn. Er wird als » Macher« oder als » Pragmatiker« abgestempelt – wobei diejenigen, die ihn Macher nennen, es darauf abgesehen haben, ihn zu diskreditieren, während das Epitheton Pragmatiker zwar gelegentlich Anerkennung bezeugt, im allgemeinen aber auch eher abträglich gemeint ist. Alle diese Kritiker sehen nicht, daß die Situation, in der sich die Partei und das Land befanden und noch auf lange Zeit sich befinden sollten, nur mit einer Politik à la Schmidt gemeistert werden konnte.

Im August 1980 hatten sich drei Intellektuelle – Fritz Raddatz, Siegfried Lenz und Günter Grass – zu einem Streitgespräch mit Bundeskanzler Helmut Schmidt gerüstet. Der Hintergedanke: nachzuweisen, daß er nichts von Kunst verstehe und reaktionäre Kunstauffassungen habe – kurz, ihn aufs Kreuz zu legen. Bei der Lektüre der höchst interessanten Unterhaltung, die die ZEIT damals veröffentlichte, stellt sich am Schluß die Frage: Ist es nicht eigentlich der Kanzler, der die Walstatt als Sieger verlassen hat, oder waren es die drei Schriftgelehrten? Mindestens streiten kann man darüber.

Merkwürdig: Wenn derselbe Helmut Schmidt, wie er ursprünglich vorhatte, Architektur und Urbanistik studiert hätte und dank seiner hohen Intelligenz und ungewöhnlichen Tüchtigkeit heute sicherlich einer der großen Städteplaner Europas wäre, dann würde er als solcher von allen Intellektuellen geschätzt und geehrt werden. Als Politiker aber ist er ihnen in hohem Maße suspekt! Sie lieben ihn nicht, sie achten ihn nicht einmal, aber sie brauchen ihn.

Intellektuelle sind bereit, den Maler, der ein interessantes Bild gemalt, den Tischler, der ein seltenes Möbelstück vollendet hat, oder den Intendanten, an dessen Theater eine perfekte Aufführung inszeniert wurde, zu loben, zu preisen und zu bewundern. Ein Regierungschef aber, der die höchste aller Künste beherrscht, optimal zu führen und zu verwalten und Menschen, Dinge und Institutionen ohne allzu große Reibungsverluste maximal miteinander zu versöhnen, den kritisieren sie. Dabei gibt es nichts Befriedigenderes als mitzuerleben, wie ein Land anständig regiert wird.

Es muß wohl der antagonistische Widerspruch von Macht und Geist sein, der die Beziehung zwischen Politikern und Intellektuellen vergiftet. Wahrscheinlich ist es der Ärger des Politikers über den Intellektuellen, der angeblich niemandem verantwortlich ist und der, wie die Politiker meinen, immer nur kritisiert, ohne je beweisen zu müssen, daß er es besser machen könnte; und die Abneigung des Intellektuellen gegen den Politiker, der in seinen Augen ein anfechtbares Geschäft mit fragwürdigen Mitteln betreibt, oft dubiose Kompromisse eingehen muß, »fünfe gerade sein läßt«, stets von Freiheit redet, aber seine Zuflucht meist bei der Autorität sucht.

Bis zur Bundestagswahl im Herbst 1976 werde von der SPD viel verlangt, schrieb der Bundeskanzler in einem Artikel zum achtzigsten Geburtstag von Kurt Schumacher im Oktober 1975: »Wir werden dabei unsere Kraft nicht auf Gedankenspiele im Sandkasten des Purismus verzetteln, sondern sie in Solidarität für unsere konkrete politische Arbeit einsetzen.« Da wird der Gegensatz ganz deutlich; und dann noch einmal in dem von ihm bei dieser Gelegenheit zitierten Wort von Schumacher: »Daß unsere Partei sich nicht darauf beschränken kann, Ideen zu wählen. Die Partei steht vor dem Problem, die nächstliegenden praktischen Aufgaben zu meistern.«

Über sein Verhältnis zu den Intellektuellen befragt, ist der Kanzler ungewohnt zurückhaltend. Sie hätten es nicht gern, wenn man sie zwar anhört, aber ihren Rat dann nicht befolge. Philosophen taugten nicht zur Politik, und Politikern müsse man nachsehen, wenn sie für ihre Entscheidungen und ihr Tun nicht jedesmal die moralphilosophischen Grundlagen mitlieferten.

Was freilich der Politiker haben sollte, ist, so meint er, »ein geschärftes Empfinden für Wahrheit und Unwahrheit, für Gerechtigkeit und Ungerechtigkeit, für Gemeinnutz und Eigennutz«. Helmut Schmidt ist gewiß kein Philosoph, aber er hat ein sehr ausgeprägtes moralisches Koordinatensystem und ein bei allen Erwägungen und Entscheidungen immer wieder durch-

165

scheinendes Verantwortungsgefühl für die Allgemeinheit – für die Gesellschaft, den Staat.

Er besitzt überdies eine Eigenschaft, über die nicht viele Politiker und auch nur wenige Intellektuelle verfügen – er hat Zivilcourage, und das heißt doch in seinem Fall: Er hat keine Angst, sich unpopulär zu verhalten. Er geht wie ein Terrier auf die dicksten Keiler los: Den Ideologen hat er auf dem Parteitag in Hamburg den Marsch geblasen; den Unternehmern bei der Versammlung des Bundesverbandes der Arbeitgeber im Dezember 1975 die Leviten gelesen: »Hören Sie doch auf, so zu tun, als wenn die Regierung die Löhne in Deutschland festsetzt.« Er geißelt den »verbandsoffiziellen Pessimismus« und empfahl den Unternehmern, sich weder als Ersatzpartei noch als Parteiersatz zu fühlen. Den Gewerkschaftern erklärte er, daß die Gewinne der Unternehmer in diesem Jahr stärker steigen müßten als die Löhne, damit die Investitionsquote wüchse und zukünftige Arbeitsplätze geschaffen würden.

Vielleicht ist es für ihn auch leichter als für andere, keine Rücksichten zu nehmen, weil er seine Position nur sich selbst zu verdanken hat – nicht den Gewerkschaften oder der Grünen Front, nicht Katholiken oder Protestanten.

Beim Kirchentag in Frankfurt im Juni 1975 attakkierte er vor den 6000 Menschen, die sich in der überfüllten Kongreßhalle drängten, seine Parteifreunde, Pfarrer Albertz und Bundesverfassungsrichter Helmut Simon. Sie hatten erklärt, daß die staatlichen Maßnahmen gegen den Terrorismus die freiheitlichen Grundrechte bedrohten. Schmidt erwiderte, Unzufriedenheit mit diesem Staat sei überhaupt keine

Entschuldigung für rechtswidrige Gewaltanwendung: »Das Grundgesetz ist in diesem Bereich nicht nur ein Angebot freiheitlicher Rechte, sondern ein System aus Angebot und Verboten, die eingehalten werden müssen.«

Bei derselben Veranstaltung stand in der Diskussion ein Mann auf, der »im Namen aller Schlesier« gegen die Preisgabe deutschen Gebietes durch die Regierung Brandt/Scheel protestierte. In der Halle erhob sich ohrenbetäubender Lärm – die Zuhörer übertönten mit rhythmischem Pseudo-Beifall den Sprecher, dem schließlich auch noch das Mikrophon abgestellt wurde. Gegen Schluß meldete sich Schmidt noch einmal zu Wort, um dem Protestierer zu antworten. In der Sache stimmte er ihm in keinem einzigen Punkt zu, aber dann sagte er, an das Publikum gewandt, mit großer Schärfe: »Daß Sie den Mann hier nicht einmal haben ausreden lassen, finde ich einfach skandalös und einer demokratischen Gesellschaft unwürdig.« Der Berichterstatter notierte: Der Saal reagierte mit beschämtem Schweigen.

Helmut Schmidt ist ein strenger Präzeptor – er glaubt nämlich an die diesbezügliche Verantwortung des höchsten Amtes; er weiß, daß man Maßstäbe setzen und auch übermitteln kann, wenn man sie selbst glaubhaft vertritt und wenn man seine Zielsetzungen überzeugend darzustellen vermag. Immer neue Felder beackert er auf diese Weise: die Max-Planck-Gesellschaft, wirtschaftliche Gremien, Universitäten. Seine Fähigkeit, komplizierte Zusammenhänge, vor allem weltwirtschaftliche, einleuchtend darzustellen und Denkanstöße zu vermitteln, fasziniert die Zuhörer fast immer.

167

In der Paulskirche in Frankfurt am Main warnte er einmal die Mitglieder des Deutschen Sportbundes vor einer Sportideologie. Sie sollten aufpassen, daß sie sich nicht der Kampfideologie kommunistischer Gesellschaften anpaßten.

Immer hat er Sorge, Bürokratismus, Zentralisierung und staatliche Autorität könnten den Raum der Freiheit einengen. Darum verteidigt er den Wettbewerb und die Marktwirtschaft wie ein engagierter Liberaler. Als er erfuhr, daß in Hamburg Hunderte von Schauspielern ohne Engagement leben, weil angeblich die Schauspielschulen zuviel Nachwuchs ausbildeten, warnte er davor, hier regelnd einzugreifen. »Ich bin nicht sicher, ob der Staat den künftigen Bedarf an Schauspielern richtig einzuschätzen und zu planen vermag. Er hat auch den künftigen Bedarf an Öl und Kohle nicht richtig einzuschätzen vermocht... Je mehr Berufe wir durch Zugangsprüfungen versperren, um so mehr Rigidität bringen wir in die Gesellschaft und um so mehr Freiheit geht verloren.«

Diese Weltanschauung, von einem Sozialdemokraten vertreten, ärgert natürlich viele: die Systemveränderer, die jungen Ideologen und die alten Orthodoxen. Die von der anderen Couleur, die parteipolitischen Gegner, ärgern sich auch, weil der Bundeskanzler ihnen auf einem Teilgebiet die Möglichkeit zur Polemik nimmt. Und von denen, die keinerlei Parteiinteresse haben, sind viele deshalb ärgerlich, weil sie meinen, Schmidt gäbe vor, alles zu wissen, mindestens alles besser zu wissen. Es habe gar keinen Zweck, sich mit ihm zu unterhalten, nach fünf Minuten belehre er seinen Gesprächspartner doch darüber, daß dieser nichts von dem Gegenstand der Unterhaltung verstehe.

Mag sein, daß dies in manchen Fällen zutrifft, wenn aber der Gesprächspartner kompetent oder über ein entlegenes Gebiet informiert ist, bombardiert Helmut Schmidt ihn mit Fragen und wird nicht müde, ihn auszuquetschen. Er ist eben noch immer neugierig, und man muß staunen, wie hoch sein Informationsstand in sehr vielen ganz verschiedenen Bereichen ist.

Mitte der siebziger Jahre saßen wir in einer kleinen Runde beisammen, die früher regelmäßig zusammenkam. Carl Friedrich von Weizsäcker erzählte von interessanten Messungen, die auf Hawaii vorgenommen worden sind und bei denen sich herausgestellt hat, daß der CO_2-Gehalt der Atmosphäre durch Verbrennung von Öl und Kohle während der letzten Jahrzehnte ständig gestiegen ist. Er erwähnte den Bericht eines Professors, den er vor kurzem gelesen hatte und der daraus einschneidende Veränderungen für unser Klima ableitet, konnte sich aber nicht mehr genau erinnern, wo er ihn gelesen hatte. »Meinen Sie den auf der Wissenschaftsseite der *Neuen Zürcher Zeitung?*« fragte Schmidt. Ganz recht, den meinte er. Wer wirklich unstillbares Interesse hat, findet eben immer noch Zeit, mehr zu lesen als andere, auch wenn die Akten sich jeden Tag zu neuen Bergen auftürmten.

Richtig ist natürlich, daß Helmut Schmidt über eine gute Portion Arroganz verfügt, die zu verschleiern er sich entwaffnend wenig Mühe gibt. Als ein Interviewer den Kanzler einmal fragte, ob er nicht eine Mannschaft, die ihm zuarbeite, oder wenigstens intellektuelle Gesprächspartner als ständige Begleiter entbehre, antwortete er: »Nein, intelligent bin ich selber. Ich brauche einen Beamten, der mich kontrolliert.« Und ein andermal: »Ich bin nicht vollkommen zufrieden mit meiner Partei, und die nicht mit mir. Aber ich finde keine bessere Partei, und die haben keinen Ersatz für mich.«

Die Besonderheit seiner Intelligenz besteht darin – und das kommt in jenem leicht ironischen Statement gut zum Ausdruck –, daß sie sozusagen doppelgleisig ist. Er besitzt alle Fähigkeiten des Intellektuellen zur Analyse, gleichzeitig aber auch jene praktisch zupackende Intelligenz des »gewußt wo«. Er sagte nicht nur kluge Sachen, er tat auch einfach ungemein viel gescheite Dinge, die vor ihm kein Regierungschef getan hat. So hat er auf seinen großen Reisen nach Amerika, Moskau und China jeweils zwei Unternehmer und zwei Gewerkschaftsführer mitgenommen, nicht nur als Statisten, sondern als Mitglieder des engeren Beraterkreises. Sie haben beispielsweise an der Formulierung der Reden mitgewirkt, die der Regierungschef zu halten beabsichtigte. Eine treffende Beobachtung bei solcher Gelegenheit: »Der Kanzler ist ungemein klar, was das Konzept betrifft, stürmisch, was das Tempo der Erörterung angeht, aggressiv, wenn es sich um Passagen handelt, die ihm politisch falsch oder instinktlos erscheinen.«

Helmut Schmidt war immer dann am eindrucksvollsten, wenn es darum ging, mit Katastrophen fertig zu werden. Am Anfang seiner Laufbahn steht die Flutkatastrophe in Hamburg, die im Februar 1962 über die Hansestadt hereinbrach. Über 300 Menschen ertranken, 75 000 wurden obdachlos und verloren all ihre Habe. Eine solche Naturkatastrophe hatte die Stadt seit dem Mittelalter nicht mehr erlebt. Helmut Schmidt, damals Innensenator seiner Vaterstadt, riß das Gesetz des Handelns an sich. Er fragte nicht nach Zuständigkeit und Gesetz, nicht nach Kompetenzen und Dienstregeln, er übernahm das Kommando.

Herbert Weichmann, der damalige Finanzsenator, war sehr erschrocken, als sein Kollege plötzlich entschied, daß jedem Betroffenen – sie hatten ja alle keinen Pfennig zur Verfügung – als erste Hilfe sofort 50 Mark auszuzahlen seien, was in die Kasse des Finanzsenators ein Loch von mehreren Millionen riß. Weichmann Jahre später hierzu: »Natürlich hatte er nicht die Kompetenz dazu. Vom konstitutionellen Standpunkt aus hätte nicht einmal der Senat die Befugnis gehabt, weil ja die Bürgerschaft eine solche Entscheidung hätte billigen müssen. Er aber kümmerte sich nicht um den Bürgermeister, nicht um den Senator für Finanzen, er traf seine Entscheidung – und ich meine, er hatte recht.« Damals begann Helmut Schmidts Höhenflug.

Und noch einmal, im Oktober 1977, bei der Verfolgung der Terroristen, die eine Lufthansa-Boing 737 mit 87 Passagieren in ihre Gewalt gebracht hatten, lief er zu großer Form auf. Von Donnerstag bis Dienstag wurden die Unglücklichen, eingepfercht auf den engen Raum der Maschine, um die halbe Welt gejagt: Rom, Zypern, Dubai, Aden, Mogadischu. Immer neue Ultimaten der Gangster: »Wenn nicht bis...., dann sprengen wir die Maschine in die Luft.«

Schmidt, fünf Nächte kaum geschlafen, schwankte keinen Augenblick. Für ihn war klar: Nachgeben kommt nicht in Frage, auch wenn ihm und dem Krisenstab ein katastrophaler Ausgang wahrscheinlicher erschien als ein glückliches Ende.

Eine Spezialeinheit – GSG 9 –, heimlich nach Mogadischu beordert, und der in vielen Abenteuern bewährte Wischnewski zum Gegenspieler der Terroristen bestellt, begann überfallartig das sorgsam geplante, nächtliche Unternehmen. In drei Sekunden waren die Türen aufgebrochen, Blendraketen, die einen Höllenlärm verursachten und minutenlang jede Sicht verhinderten, machten es möglich, die Geiselnehmer blitzartig zu überwältigen. 87 Passagiere waren frei, drei Terroristen tot. Rund um die Welt wurden des Bundeskanzlers Willensstärke und Führungskraft gepriesen.

Sein Renommee im Ausland ist nur mit Superlativen zu beschreiben. Meist ist er es, der, wenn es schwierig wird, erfolgreich in die Bresche springen muß. Mich hat am meisten beeindruckt, daß ein englischer Botschafter nach der berühmten Rede, die Helmut Schmidt vor dem Labour-Parteitag in England gehalten hatte, zu mir sagte: »You know, we would take him any day as our Prime Minister« – das von einem Engländer über einen Deutschen!

Zu jenem Ereignis, das auf dem Höhepunkt der inner-englischen Auseinandersetzung über den Austritt aus der EG stattfand, war Helmut Schmidt als Gastdelegierter gefahren. Die Antieuropäer hatten schon zuvor erklärt, sie würden den Saal verlassen, wenn er versuchen sollte, sie mit Belehrungen zu traktieren; die Diplomaten hatten ihm geraten, das Thema ganz und gar zu meiden, und letzte Warnung: Vor der Westminster City Hall, dem Tagungsort,

172

krakeelten Demonstranten mit Plakaten – Schmidt aber sah hier eine Aufgabe, und darum wagte er es dennoch. Er gab Ratschläge erst nach geschickten ökonomischen Analysen in Form von witzigen Metaphern, seine Zurechtweisungen glichen werbenden Appellen: »Wir wissen, daß eure Entscheidung noch aussteht, aber eure Genossen auf dem Kontinent wollen, daß ihr bleibt. Werft das bitte in die Waagschale, wenn ihr von Solidarität redet.« Der Beifall wurde schließlich zur Ovation, die sogar die Erzwidersacher Europas, Tony Benn und Peter Shore, mitriß.

Die *Sunday Times,* die ihm als Kanzler eine ganze Seite widmete, nannte Schmidt den ersten westeuropäischen Führer von globaler Statur seit Charles de Gaulle. Kein anderer Regierungschef unserer Zeit sei so prädestiniert, so optimal geeignet für diesen »Job«: ein mitreißender Redner, einer der drei oder vier Bonner Parlamentarier, die zu einer wirklich improvisierten Debatte in der Lage sind, ein fast legendärer Arbeiter, ein Fachmann für Wirtschaft, Verteidigung, internationale Beziehungen und Innenpolitik.

Weil er diese Eigenschaften besitzt und weil er seine Kenntnisse und damit seine Urteilsfähigkeit auf weltwirtschaftlichem Gebiet immer *à jour* gehalten hat, ist er als Gesprächspartner und als Redner heute noch genauso gefragt wie damals, als er Kanzler war. Der heutige Herausgeber der ZEIT ist viel auf Reisen. Aber für gelegentliche Ausstellungen, häufiger für Konzerte, findet er immer noch Zeit. Der Sinn für Musisches ist trotz aller Hektik noch nicht verdorrt.

(1976)

Es gab Vorbilder

Der Alte Fritz und die neuen Zeiten

Im Schloß Charlottenburg hängt ein Gemäde, das Friedrich den Großen, tot in seinem Ohrensessel sitzend, darstellt, eine Kerze neben sich, an seiner Seite ein alter Diener – sonst niemand. Man denkt, so kann es ja wohl nicht gewesen sein, da war doch sicher die Familie anwesend oder Teile des Kabinetts oder mindestens der Minister von Hertzberg. Aber nein, es war tatsächlich so. Folgerichtig war denn auch der Wunsch des Königs, in aller Stille, um Mitternacht auf der Terrasse von Sanssouci begraben zu werden – neben seinen Windhunden, den einzigen Wesen, denen er noch in Liebe zugetan war.

Wenn man sich diese bis zur äußersten Konsequenz getriebene Skepsis und Askese vergegenwärtigt, dann steht die jetzt vorgesehene Bestattung in einem merkwürdigen Mißverhältnis zu des Königs Vorstellungen. Aber das Gezeter über zuviel »Brimborium« erscheint dem unbefangenen Beobachter dann doch auch reichlich absurd. Die Amerikaner holen ihre gefallenen Soldaten aus Vietnam und Irak heim; jeder Indianerstamm lebt mit seinen verstorbenen Ahnen – warum soll Friedrich der Große nicht zurückkehren in sein geliebtes Sanssouci? Zuviel »Brimborium«? Daran ist der Zeitgeist schuld – ohne Brimborium geht's nicht: Selbst ein dubioser Sieg wird in USA mit der größten Konfettiparade aller Zeiten gefeiert.

Wer war denn überhaupt dieser Friedrich II., den die Alliierten bei ihren *re-education*-Bemühungen samt Luther und Bismarck in eine Linie stellten mit Hitler? Dieser von Vernunft und Aufklärung bestimmte König hatte nun wirklich nichts gemein mit dem rassistisch gesonnenen, in Wahnvorstellungen befangenen Hitler – von dem Ernst Niekisch einst sagte, er sei die Rache der Österreicher für Königgrätz. Das alte Preußen war geradezu die Antithese Adolf Hitlers. Unter dessen ersten zehn Kumpanen gab es keinen einzigen Preußen, aber 75 Prozent der nach dem Attentat vom 20. Juli Hingerichteten waren Preußen.

Für Friedrich war es ein weiter Weg von den fröhlichen Tagen in Rheinsberg, im Kreise vielseitig begabter, witziger Freunde, bis zu diesem einsamen, der Liebe baren Ende in Sanssouci. Damals, in Rheinsberg, lebte er in der Welt der Wissenschaft, der Künste und der Poesie und versenkte sich in den Geist der Antike und der Aufklärung. Es war die Zeit, in der der Kronprinz sich voller Abscheu gegen Machiavellis »Principe«, den realpolitischen Zyniker, wandte und in seinem »Antimachiavell« das Bild des Fürsten zeichnete, für den der Inbegriff der Pflicht die Wohlfahrt der Untertanen ist: »Der Fürst als erster Diener des Staates.«

Dieser Maxime – also der Staatsraison – ist Friedrich bis zum Ende treu geblieben; aber seine politischen Ideale hat er als König rasch aufgegeben. Im Testament von 1752 sagt er: »Ich muß zugeben, daß Machiavell recht hat.« Ohne Macht geht es eben nicht. Aber je mehr Macht er ansammelte, desto zynischer wurde er.

Im Sommer 1740 bestieg Friedrich II. den Thron, und schon im Dezember 1740 überfiel er ohne Grund und ohne Warnung Schlesien und überzog die Kaiserin Maria Theresia mit Krieg. Das Motiv: Sein armes Land bestand aus vielen unzusammenhängenden Flicken; wenn er politisch mitspielen wollte im Kreise der Großen, mußte er sich die Macht, die er von Haus aus nicht besaß, zusammenrauben, gleich, mit welchen Mitteln (auch England hat sein Weltreich ja nicht geschenkt bekommen). Ausgedehnte Ländereien und Schlachtenruhm, das war es, woran das Ansehen der Monarchen damals gemessen wurde. Vertragsbrüche, Koalitionswechsel, Überfälle auf den Nachbarn, das verursachte niemandem Kopfzerbrechen.

Friedrich war mit heutigen Augen gesehen ein Intellektueller: geistreich, selbstironisch, frivol, lesewütig. Er schrieb mit großer Leichtigkeit, vierzig Bände füllen seine Schriften, allein drei Bände seine Korrespondenz mit Voltaire, dem zu jener Zeit größten Geist Europas. Als Reaktion auf den brutalen Vater haßte Friedrich alles Militärische. Die Uniform war für ihn ein »Sterbekittel«.

Von den Zeitgenossen werden sein Charme, die Liebenswürdigkeit und Anmut dieses »Lieblings der Götter« gepriesen und der junge König als »Philosoph auf dem Thron« apostrophiert. Daß er auch ehrgeizig, zäh und mutig, zuweilen leichtfertig war, wurde dabei übersehen.

In einem Brief Voltaires an seine Nichte heißt es: »Nun bin ich endlich in Potsdam. Unter dem verstorbenen König war es ein Exerzierplatz und kein Garten, mit dem Tritt des Garderegiments als einziger Musik, Revuen statt Schauspielen, Soldatenlisten als Bibliothek. Heute ist es der Palast des Augustus, der Sitz der Schöngeister, der Lust und des Ruhmes.«

Auf dem langen Weg vom aufgeklärten Moralisten zum skeptischen Zyniker ist Friedrich sich selbst entfremdet worden. Oft hat er über das »abscheuliche Handwerk« geflucht, zu dem er als König verurteilt sei. Er haßte die Machtpolitik und das Kriegführen, aber dann war es immer wieder die Ruhmsucht, die ihn verführte. Eine merkwürdige Ruhmsucht übrigens: Sie diente nicht zur Befriedigung persönlicher Lust, sondern dem Ansehen Preußens.

Als der König 1763 nach dem geglückten Friedensschluß in Hubertusburg nach Berlin zurückkam, verbat er sich alle Huldigungen – die bereitstehende Prunkkalesche bestieg er nicht, sondern fuhr auf Nebenwegen zum Schloß. Die langatmigen Gnadengebete für den König und seine Familie fand er deplaciert, darum erließ er eine Order an die Feldprediger, sie sollten sich fürderhin beschränken auf: »In Sonderheit empfehlen wir dir, lieber Gott, deinen Knecht, unseren König.«

Kaum hatte der 28jährige den Thron bestiegen, brach bei ihm die aufgestaute Sehnsucht nach Reformen durch. Es ging Schlag auf Schlag. Am ersten Tag: Befehl an die Armee, nicht mehr mit Absicht und Übermut das Volk zu schikanieren. Am zweiten Tag ließ er wegen der zu erwartenden schlechten Ernte die staatlichen Kornkammern öffnen und das Korn zu vernünftigen Preisen an die Armen verkaufen. Am dritten Tag verbot er das »Fuchteln«, also die Stockschläge für Kadetten. Am vierten schaffte er den Gebrauch der Folter bei Kriminalfällen ab. Am fünften verbot er die »gewohnten Brutalitäten« bei der Soldatenwerbung.

Seine beiden Testamente von 1752 und 1768 sind umfangreiche Kompendien, die Aufschluß über die Lage des preußischen Staates geben und über die Bestrebungen des Königs. In beiden Fällen lautet der erste Satz: »Es ist Pflicht jedes guten Staatsbürgers, seinem Vaterland zu dienen und sich bewußt zu sein, daß er nicht für sich allein auf der Welt ist, sondern zum Wohl der Gesellschaft beizutragen hat.« Die Regierung beruht, so stellt Friedrich dort fest, auf vier Hauptpfeilern: auf der Rechtspflege, weiser Finanzwirtschaft, straffer Erhaltung der Manneszucht im Heer und auf der Kunst, die geeigneten Maßnahmen zur Wahrung der Staatsinteressen zu ergreifen.

Friedrich hat Preußen als Rechtsstaat konstituiert. Er hat einen wissenschaftlich geschulten, unabhängigen Richterstand geschaffen, dazu eine klare Gerichtsverfassung mit drei Instanzen und einer modernen Prozeßordnung. Mit der allerhöchsten Kabinettsorder vom 14. April 1780 schränkte der König die Gesetzgebungsgewalt, die zu den Hoheitsrechten des absoluten Herrschers gehörte, freiwillig ein. Gleichheit aller Staatsbürger vor dem Gesetz, wie er es postulierte, das war im 18. Jahrhundert keineswegs üblich. Neu war auch, daß der König sich nicht mehr als Eigentümer, sondern als Verwalter des Landesvermögens ansah. Preußen hat überdies als erstes Land Europas die Schulbildung für alle eingeführt. Schließlich war das Allgemeine Preußische Landrecht das fortschrittlichste Recht seiner Zeit.

Dieser preußische König war auch der erste, der den Mut hatte, mit den rebellischen Vereinigten Staaten, nachdem diese ihre Unabhängigkeit von Großbritannien erklärt hatten, einen Handels- und Freundschaftsvertrag zu schließen. Darin wurden Verhaltensweisen für internationale Humanität festgelegt – übrigens auch für Kriegsgefangene, was erst hundert Jahre später zur Norm werden sollte. George Washington schrieb 1786: »Es ist der liberalste Vertrag, der je zwischen zwei Mächten geschlossen wurde.«

Mitten in der alten Welt des Absolutismus war dieser König vom Geist der Aufklärung erfüllt und setzte ihn um in praktische Politik. Rechtssicherheit, Gewissensfreiheit, Toleranz waren seine Prioritäten. Alle Verfolgten und Vertriebenen fanden im 18. Jahrhundert in Preußen Aufnahme. Toleranz gegenüber den Konfessionen und den Ausländern wurde von Friedrich dem Großen mit äußerster Konsequenz durchgesetzt. Er regierte aufgeklärt, aber absolutistisch, denn die Bevölkerung bestand zu achtzig Prozent aus Analphabeten – Reformen konnten also nur von oben oktroyiert werden. Am Ende seiner Regierungszeit war Preußen, dem im Grunde alle Voraussetzungen dafür fehlten, zur fünften Großmacht in Europa geworden.

Resümee: Es kann doch wirklich niemand im Ernst glauben, die Beisetzung dieses Mannes in Sanssouci könne zum Signal für neuen Nationalismus und Militarismus werden. Offenbar verwechseln die Agitatoren Friedrich den Großen mit Wilhelm II. Sie würden wohl auch Shakespeare mit Karl May über einen Leisten schlagen.

Das alte Preußen mit den großen Einwanderungs-
schüben war kein Nationalstaat, sondern ein Ver-
nunftsstaat. Man könnte sehr dankbar sein, wenn ein
wenig von dem Geist jener Zeit wieder hervorkäme:
»... sich bewußt zu sein, daß man nicht für sich allein
auf der Welt ist, sondern zum Wohl der Gesellschaft
beizutragen hat.«

(1991)

Preußen unter europäischem Aspekt

Kein zweiter Begriff, kein zweites Land, keine andere Volksgemeinschaft hat so widersprüchliche Reaktionen und Emotionen ausgelöst wie Preußen – Liebe, Bewunderung, Verehrung einerseits; Mißbilligung, Abscheu, Haß andererseits.

Ranke beschloß 1847 sein Werk über die Preußische Geschichte mit dem Satz: »Nur in Preußen ist eine große – zugleich deutsche *und europäische* – Selbständigkeit begründet worden.« Ein Jahrhundert später, 1947, erklärten die Alliierten im Kontrollratsgesetz Nr. 46: »Der Staat Preußen, der seit jeher Träger des Militarismus und der Reaktion in Deutschland gewesen ist, hat zu bestehen aufgehört.«

Ein Teil dieser Auffassung mag auf den Zorn zurückzuführen sein, der sich nach zwei von Deutschland verursachten Weltkriegen angesammelt hatte. Aber die immer wieder aufgestellte absurde Behauptung, von Luther über Friedrich den Großen und Bismarck bis zu Hitler führe eine gerade Linie, zeugt doch von totaler Unkenntnis der Geschichte. Die Alliierten haben offenbar die Perversion Preußens durch Hitler für das Original gehalten und nicht gemerkt, daß auch sie dem Roßtäuscher aus Österreich aufgesessen sind – genau wie zuvor viele Deutsche.

In Wirklichkeit kann man die Regierungsform, die unter Friedrich dem Großen entwickelt wurde, als aufgeklärten Absolutismus bezeichnen, und ohne Zweifel ist das Preußen des 18. Jahrhunderts verhältnismäßig nah an dem, was man einen Rechtsstaat nennen kann.

Kant und der Philosoph Christian Wolff aus Halle gehörten beide der Akademie der Wissenschaften in Petersburg an. Wolff war außerdem Mitglied der Akademien in London und Paris – ein Zeichen, wie selbstverständlich der geistige Austausch in Europa war. Für die Künstler galt das gleiche: Schinkel, der wohl bedeutendste Architekt im damaligen Europa, hat nicht nur in Berlin und Potsdam gebaut, sondern für Oslo eine Universität entworfen, für Athen einen Palast und für den Zaren ein Château auf der Krim.

Die ersten Jahrzehnte des 19. Jahrhunderts waren durch einen unglaublichen Reichtum an Talenten gekennzeichnet. Es ist ganz unbegreiflich, woher dieses in der napoleonischen Zeit ausgeblutete armselige Preußen die Kraft zu solcher Blüte nahm: Allein an Architekten wirkten neben Schinkel so bedeutende Persönlichkeiten wie Schadow, Rauch, Langhans, Stühler, Klenze ...

Zunächst aber hat es Preußen ja gar nicht gegeben – es gab nur Brandenburg. 1417 war der Burggraf von Nürnberg vom Kaiser Sigismund auf dem Konzil in Konstanz als Markgraf und Kurfürst von Brandenburg eingesetzt worden. Er stammte aus dem Haus Hohenzollern, das nun für die nächsten 500 Jahre erst Brandenburg, dann Preußen und seit 1871 das Deutsche Reich beherrschte.

Und seit wann gibt es Preußen? Der Kurfürst von

Brandenburg erbte 1618 das Territorium des Deutschen Ritterordens (in etwa das spätere Ostpreußen). Der Ordensstaat war nämlich 1525 in ein weltliches Herzogtum umgewandelt worden. Der letzte Hochmeister, Albrecht von Hohenzollern, nahm den Titel Herzog von Preußen an, nachdem sein Sohn Johann mit Preußen belehnt worden war – damit trat Preußen unter unmittelbar brandenburgische Verwaltung.

Der erste große Meilenstein in der preußischen Geschichte ist das Jahr 1640 – damals kam Friedrich Wilhelm, genannt der Große Kurfürst, an die Regierung, die er nahezu ein halbes Jahrhundert innehatte. Er war es, der die Voraussetzungen für die Bedeutung des Brandenburg-Preußischen Staates geschaffen hat.

Wenn man – und dies ist doch wohl legitim – Toleranz dem Nachbarn gegenüber und Toleranz den Minderheiten im eigenen Land gegenüber als Ausweis europäischen Geistes akzeptiert, dann ist Brandenburg-Preußen unter dem Großen Kurfürsten das erste Land, das bewußt europäisch dachte; ganz im Gegensatz zu der religiösen und ethnisch-nationalen Unduldsamkeit aller Nachbarn. Allenthalben wurden damals die Andersgläubigen oder ethnisch Fremden gewaltsam vertrieben.

Als 1685 das Edikt von Nantes in Frankreich aufgehoben wurde und die Calvinisten gezwungen wurden auszuwandern, gewährte der Große Kurfürst 20 000 dieser Hugenotten Zuflucht. Um 1690 hatte Berlin 11 000 Einwohner, von denen 4000 Hugenotten waren. Zuvor hatte er 50 jüdische Familien aufgenommen, die aus Wien hatten flüchten müssen, und räumte ihnen das Recht ein, Häuser zu erwerben und öffentliche Gottesdienste abzuhalten. Der amerikanische Historiker Gordon Craig schreibt in seinem Standardwerk mit dem Titel »Über die Deutschen«: »Von allen deutschen Staaten zeigte Brandenburg-Preußen die größte Toleranz gegenüber Juden.«

Friedrich Wilhelm I., der Vater Friedrichs des Großen, hatte die in Böhmen und Mähren vertriebenen Salzburger — ebenfalls etwa 20 000 — in Ostpreußen angesiedelt. Gewiß geschah dies auch unter dem Gesichtspunkt, das nach dem Dreißigjährigen Krieg entvölkerte Land wieder zu »populieren« — aber daß es auch Toleranz war, bewies Friedrich der Große, der dem Jesuitenorden Asyl gewährte, als dieser aus allen großen katholischen Staaten Europas vertrieben wurde. Auch ließ er in Berlin als Zeichen der Aussöhnung mit den Katholiken die Hedwigskirche bauen — damals die größte und prächtigste Kirche Berlins.

Es ist erstaunlich, daß Brandenburg-Preußen das ärmste deutsche Kurfürstentum, das keinerlei Reichtümer besaß und dessen Bevölkerung zu achtzig Prozent Analphabeten waren, zur fünften Großmacht Europas aufstieg; und zwar in der verhältnismäßig kurzen Zeitspanne vom Regierungsantritt des Großen Kurfürsten, der mit konsequenten Reformen und durch brutale Entmachtung der Stände das Fundament gelegt hatte, bis zum Tod Friedrichs des Großen im Jahr 1786.

Die Verwandlung in einen modernen Verfassungsstaat war in dieser Zeit vollzogen worden, gelungen war auch dank konsequent praktizierter Staatsraison die Schaffung einer integrierten Beamtenschaft mit Esprit de corps und selbständigem Denken. Dies alles war nur möglich gewesen, weil die Staatsgesinnung eine so entscheidende Rolle gespielt hat. Der Staat war fast etwas Metaphysisches, er verkörperte das höchste Ethos – was seiner Pervertierung durch Hitler zweifellos entgegengekommen ist.

Selbständiges Denken? Wir alle kennen die Beispiele, die sich über mehrere Generationen ziehen. Friedrich der Große schreibt dem Justizminister von Münchhausen, er möge sein bereits gefälltes Urteil umstoßen. Münchhausen antwortete: »Mein Kopf steht Eurer Majestät zur Verfügung, aber nicht mein Gewissen.«

Von der Marwitz verweigert den Befehl des Königs, als Repressalie für die mutwillige Zerstörung der Antikensammlung im Schloß Charlottenburg das sächsische Schloß Hubertusburg zu plündern. Er quittiert den Dienst und läßt auf seinen Grabstein – er starb 1781 – schreiben: »Sah Friedrichs Heldenzeit und kämpfte mit ihm in allen seinen Kriegen. Wählte Ungnade, wo Gehorsam nicht Ehre brachte.«

General Yorck, der 1812 in Tauroggen ohne Befehl und Legitimation einen Sonderfrieden mit dem russischen General Diebitsch geschlossen hatte – wodurch er Preußen rettete, aber den König in größte Verlegenheit brachte, denn das ganze Land war ja noch von den Franzosen besetzt –, schrieb in einem Brief an den nichtsahnenden Friedrich Wilhelm III.: »Eurer Majestät lege ich willig meinen Kopf zu Füßen, wenn ich gefehlt haben sollte; ich würde mit der freudigen Beruhigung sterben, wenigstens als treuer Untertan und wahrer Preuße nicht gefehlt zu haben.«

Und schließlich, 1898, läßt Fontane den alten Stechlin sagen: »Dienst ist alles – Schneidigkeit ist nur Renommisterei, und das ist gerade, was bei uns am niedrigsten steht – die wirklich Vornehmen, die gehorchen nicht einem Machthaber, sondern dem Gefühl der Pflicht.«

Dieses Preußen samt seinem Ethos, seinem Gefühl für Verantwortung und der Zusammengehörigkeit mit den anderen Europäern ist schon 1871 untergegangen, als Preußen in Deutschland aufging und dem Rausch der Gründerzeit verfiel. Erst die Preußen des Widerstandes vom 20. Juli hatten wieder ein europäisches Bewußtsein. In allen ihren Aussagen und Schriften kommt zum Ausdruck, daß sie den Nationalstaat für überholt hielten und daß es in der Nach-Hitler-Zeit darum gehen müsse, gemeinsam Europa zu entwickeln.

Nur einmal, kurz vor dem behördlich verordneten Ende durch den Kontrollrat, hat sich der preußische Geist noch einmal gemeldet, um endgültig Abschied zu nehmen – das war am 20. Juli 1944. Damals starben von Henkershand hohe Offiziere, Minister, Botschafter, Gewerkschafter, Jesuiten, verantwortliche Bürger. Unter ihnen finden wir alle großen Namen der preußischen Geschichte: Yorck, Moltke, Schwerin, Schulenburg, Lehndorff.

Die Ehre Deutschlands war verspielt, nicht mehr zu retten – die Schande der Hitler-Zeit zu groß. Aber das Kreuz, das sie auf Preußens Grab errichtet haben, leuchtet hell aus der Dunkelheit jener Jahre.

(1995)

Peter Graf Yorck:
Preußens letztes Kapitel

Am Abend des 20. Juli 1944, als einwandfrei erwiesen war, daß Hitler das Attentat überlebt hatte, ließ Generaloberst Fromm, der Befehlshaber des Ersatzheeres, die militärischen Führer des Aufstandes im Hof der Bendlerstraße, dem Sitz des Oberkommandos der Wehrmacht, erschießen. Es waren dies: Oberst Graf Stauffenberg, General Olbricht, Oberst Merz von Quirnheim und Oberleutnant von Haeften.

»Sie«, so sagte Himmler später in der Rede, die er am 3. August vor den in Posen versammelten Gauleitern hielt, »wurden so schnell eingegraben, daß die Herren mit dem Ritterkreuz gar nicht identifiziert werden konnten. Sie wurden dann am anderen Tage ausgegraben, und es wurde noch einmal richtig festgestellt, wer es war. Ich habe dann den Befehl gegeben, daß die Leichen verbrannt und die Asche in die Felder gestreut wurde. Wir wollen von diesen Leuten, auch von denen, die noch hingerichtet werden, nicht die geringste Erinnerung in irgendeinem Grabe oder an einer sonstigen Stätte haben..«

Alle anderen Beteiligten wurden im Laufe der nächsten Monate, manche nach Mißhandlungen oder Folterungen, vom Volksgerichtshof abgeurteilt und dann in Plötzensee am Fleischerhaken erhängt. »Ich

190

will, daß sie erhängt werden, aufgehängt wie
Schlachtvieh« – so lautete der Wunsch des »Führers«. Auf seinen Befehl mußten die Filmkameras
ohne Unterbrechung surren, damit er sich am Abend
in der Reichskanzlei an dem Schauspiel weiden
konnte. Es scheint für ihn ein besonderer Genuß gewesen zu sein, seine Feinde erst dem Präsidenten des
Volksgerichtshofs ausgeliefert zu sehen und dann
ihren Todeskampf am Haken in Plötzensee mitzuerleben.

Die Witwen erfuhren den Tod ihrer Männer entweder durch eine amtliche Benachrichtigung, die in
fünf Zeilen drei Mitteilungen enthielt: erstens die
Tatsache der Verurteilung, zweitens das Datum der
bereits vollstreckten Verurteilung, drittens den Satz:
»Die Veröffentlichung einer Todesanzeige ist unzulässig.« Oder sie erfuhren ihn durch die Kostenrechnung, die ihnen übersandt wurde und die sie zu begleichen hatten. Da hieß es beispielsweise:

Gebühr gem. §§ . . . für Todesstrafe	300,00
Postgebühr gem. §§ 72,1 SGKG	1,84
Gebühr gem. § 72,6 für den Pflichtverteidiger	81,60
für die Strafanstalt von . . . bis . . .	44,00
Kosten der Strafvollstreckung	158,18
Porto für Zustellung der Kostenrechnung	0,12
zusammen RM	585,74

Peter Graf Yorck von Wartenburg war unter den
ersten, die im Schauprozeß vor dem Volksgerichtshof
auftreten mußten. Aus seiner Vernehmung:

Yorck: »Herr Präsident, ich habe bereits bei meiner
Vernehmung angegeben, daß ich mit der Entwick-

lung, die die nationalsozialistische Weltanschauung genommen hatte...«

Freisler, ihn unterbrechend: »...nicht einverstanden war! Sie haben, um es konkret zu sagen, erklärt, in der Judenfrage passe Ihnen die Judenausrottung nicht, die nationalsozialistische Auffassung vom Recht hätte Ihnen nicht gepaßt.«

Yorck: »Das Wesentliche ist, was alle diese Fragen verbindet, der Totalitätsanspruch des Staates gegenüber dem Staatsbürger unter Ausschaltung seiner religiösen und sittlichen Verpflichtung Gott gegenüber.«

Freisler: »Nun sagen Sie einmal, wo hat denn der Nationalsozialismus die sittlichen Verpflichtungen eines Deutschen ausgeschaltet? Der Nationalsozialismus hat die sittlichen Verpflichtungen eines Deutschen, des deutschen Mannes, der deutschen Frau, unendlich gesundet und unendlich vertieft. Daß er sittliche Verpflichtung ausgeschaltet hätte, das habe ich noch nie gehört.« Yorck nannte im Verlauf der Verhandlung als das Hauptmotiv für seine Beteiligung am Attentat die Morde in Polen. Diese für ihn und einige der anderen Oppositionellen typische Einstellung stammte nicht etwa aus der Zeit, da schließlich allen klar wurde, daß der Krieg verloren war, sie hatte sein und der Freunde Urteil schon bestimmt, als noch die Sondermeldungen über deutsche Siege in Polen tagtäglich durch den Rundfunk rauschten.

Bald nach der siegreichen Beendigung des Polenfeldzugs am 21. November 1939 schrieb der damalige Leiter der Gruppe III in der Operationsabteilung des Generalstabs, Generalmajor Stieff, der nach dem 20. Juli ebenfalls hingerichtet wurde: »Man bewegt sich hier nicht als Sieger, sondern als Schuldbewußter.« Und in Gedanken an die SS setzte er angesichts der Verbrechen, die »eine organisierte Mörder-, Räuber- und Plünderbande« anrichtete, hinzu: »Ich schäme mich, ein Deutscher zu sein!« Im Juli 1940, Polen war längst erobert, Frankreich besiegt und der Freundschaftsvertrag mit Rußland noch nicht gebrochen – Hitler also auf dem Gipfel der Macht –, trafen sich Moltke und Schulenburg mit Peter Yorck in dessen Berliner Haus, um darüber zu beraten, was nach dem Zusammenbruch des Regimes geschehen müsse. Denn, daß dies Regime ungeachtet der zunächst glänzenden Siege letzten Endes zusammenbrechen werde, darüber gab es für sie keinen Zweifel.

Der Widerstandskreis um Peter Yorck und Helmuth Moltke, dessen Mitglieder nach dem 20. Juli fast alle hingerichtet wurden, sah damals seine Aufgabe nicht darin, das Attentat auszuführen. Hierzu waren nach ihrer Meinung – vor allem seitdem im Herbst 1939 der Krieg begonnen hatte – allein die Soldaten imstande. Ganz bewußt beschränkten die Zivilisten sich darauf, in vielen Diskussionen und gründlichen Analysen die außenpolitischen, sozialen, wirtschaftlichen und verwaltungstechnischen Voraussetzungen herauszuarbeiten, die das Fundament für die Zukunft abgeben sollten. In dieser Arbeit ließen sie sich durch nichts irremachen, auch nicht durch die immer wieder an- und dann notgedrungen wieder abgesetzten Attentats-Termine der Militärs.

Erst Anfang Juli 1944, als zwei wichtige Mitglieder des Widerstandes verhaftet wurden, Julius Leber und Adolf Reichwein (Moltke war aus anderen Gründen schon im Januar 1944 ins KZ Ravensbrück eingeliefert worden), entschlossen sie sich, mit Stauffenberg

und der Armee mitzumachen, ehe es vielleicht für
alles und alle zu spät sein würde. So kam es, daß am
20. Juli der Kreisauer Kreis mit den Militärs zusammen agierte. Nur wer dies nicht verstanden hat, kann
darüber klagen, daß die Kreisauer, wie es manchmal
heißt, vor lauter Reden und Planen nicht zum Handeln kamen. Sie redeten soviel und planten so lange,
weil die, deren Aufgabe es war, zu agieren, nicht zum
Handeln kamen.

Peter Yorck, ein Nachfahre des Feldmarschalls von
Yorck, war zusammen mit neun Geschwistern in
Klein-Öls, einer säkularisierten Malteser Kommende
in Schlesien, aufgewachsen. Dieser Besitz war dem
Feldmarschall, der 1812 gegen den Befehl seines
preußischen Königs mit dem russischen General von
Diebitsch die Convention von Tauroggen abgeschlos-
sen und dadurch die entscheidende Wende der Politik
Preußens zum Sturz Napoleons herbeigeführt hatte,
als Dotation verliehen worden.

Über Generationen hin waren die Klein-Ölser
Yorcks recht ungewöhnliche Leute. Literatur, Kunst,
Theologie und Philosophie spielten bei ihnen zu allen
Zeiten eine gewichtige Rolle: Schelling war ein
Freund des Hauses, mit Schleiermacher wurde korre-
spondiert, Ludwig Tieck vermachte dem Sohn des
Feldmarschalls, der den Romantikern nahestand,
seine Bibliothek. Dessen Sohn Maximilian wiederum
war ein bedeutender Soldat und der Autor eines unge-
wöhnlichen Buchs: »Weltgeschichte in Umrissen.«

Peters Großvater Paul, Verfasser wichtiger philo-
sophischer Schriften – die jetzt neu herausgegeben
werden –, war eng befreundet mit Wilhelm Dilthey.
Peters Vater Heinrich, der sich gern als Seiner Maje-

stät loyale Opposition bezeichnete, trat demonstrativ von seinem schlesischen Landratsposten zurück, als Wilhelm II. fünf Landräte in Schleswig-Holstein entließ, die im Landtag gegen sein Kanalprojekt gestimmt hatten. Von frühester Jugend an schärfte er seinen Kindern ein, daß man die Prinzipien des Staates verteidigen müsse, auch gegen den Träger der Krone.

Heinrich Yorck sprach sieben Sprachen. Er war universal gebildet und verfügte über ein umfassendes klassisches Fachwissen. Die Antike war sein geistiger Raum. Für sie hatte er auch seine Frau – die ihm zuliebe Griechisch gelernt hatte – und die Kinder so stark zu interessieren gewußt, daß in Klein-Öls die Platonischen Dialoge gelegentlich mit verteilten Rollen im Urtext gelesen wurden.

Abends vor dem Schlafengehen versammelte Heinrich Yorck häufig die Kinder um sich und las ihnen vor – ganz ohne Rücksicht auf ihr Alter; oder er sagte am Bett der älteren ein Goethesches Gedicht auf, gerade so wie es ihm durch den Kopf ging. Peter und sein älterer Bruder kannten auf diese Weise in ihrem späteren Leben über hundert Gedichte Goethes und große Teile des Faust auswendig.

Die Erziehung im Hause war bewußt preußisch: Pflicht wurde groß geschrieben. Eine Korrektur der dadurch bedingten Strenge lag in der Rolle, die Goethe im Hause spielte, und wohl auch im Wesen der süddeutschen Mutter, einer Nachkommin Götz von Berlichingens, die künstlerisch interessiert war und viel Wärme ausstrahlte. Die geistige Atmosphäre war auf vielfältige Weise lebendig und außerordentlich anspruchsvoll. In der weltberühmten Bibliothek standen 150 000 Bände: Die klassische Literatur Europas in den Originalsprachen oder in Ausgaben der Zeit war mehr oder weniger vollständig vorhanden; weitere Sammelgebiete waren Geschichte, Philosophie und Theologie. Die üblichen Gäste waren Professoren, Politiker, hohe Militärs. Häufig hatte man dreißig bis vierzig Personen zu Tisch, wovon allerdings die Familie mit ihren zehn Kindern allein schon die Hälfte stellte, jedenfalls wenn man Hauslehrer und Gouvernanten mit dazurechnete. »Standesgenossen« wurden in Klein-Öls eigentlich nur zu den Jagden eingeladen; sie wären ohne solchen Anlaß wohl auch nicht so gern gekommen, weil die Präsenz von soviel Bildung sie eher erschreckte.

Peter, der zweite Sohn des Hauses, wurde Jurist. Referendar-, Assessor- und Doktorexamen absolvierte er, ohne daß in der Familie irgendein Aufhebens davon gemacht wurde. Sein älterer Bruder erfuhr erst bei Ausbruch des Krieges, daß Peter Leutnant der Reserve war. Nie sprach er über sich selbst. Er war ganz ohne persönlichen Ehrgeiz – immer nur an der Sache orientiert. Alle seine Handlungen und Überzeugungen waren durch sein untrügliches Stilgefühl geprägt, das weder aristokratischem Snobismus noch ästhetischer Manie entsprang, sondern ganz einfach Ausdruck seines innersten Wesens war.

Er hatte ein seismographisches Gefühl für Recht und Gerechtigkeit, ohne Moralist zu sein. Ausgesprochene Großzügigkeit zeichnete ihn aus, bei gleichzeitiger Bescheidenheit. Für sich selbst war er oft bedürfnislos, obgleich er schöne Dinge liebte und auch von gutem Essen, besonders von Wein, viel verstand. Als er in der Krisenzeit 1930/31 beim Kommissar für die

Osthilfe in Berlin arbeitete, kam er eines Tages in seinem alten Opel ohne Mantel und ohne Schuhe nach Hause. Er hatte sie unterwegs irgend jemandem gegeben, von dem er meinte, er habe sie nötiger als er selber.

Nach dem Tode seines Vaters erbten er und die jüngeren Geschwister das Gut Kauern, das zu Klein-Öls gehörte. Dort setzte er im Laufe der Jahre manche der sozialen Ideen, die ihn beschäftigten, in die Tat um. So gab es in Kauern schon lange vor dem Krieg einen Kindergarten für die Gutsleute und einen Gemeinschaftsraum, auch ein gewisses Mitspracherecht und Gewinnbeteiligung.

Peter galt unter Kollegen und bei seinen Vorgesetzten als hervorragender Verwaltungsfachmann. Über den Oberregierungsrat aber kam er nicht hinaus, weil er es kategorisch ablehnte, in die Partei einzutreten. Auch seine Brüder Paul und Hans weigerten sich, als sie Reserveoffiziere eines Reiterregiments werden sollten, einer Aufforderung des Wehrbezirkskommandos nachzukommen und ihre Loyalität dem Nationalsozialismus und Hitler gegenüber zu erklären. Hans ist als Wachtmeister in Polen gefallen, Paul blieb lange Zeit Wachtmeister, bis er wegen besonderer Tapferkeit schließlich auch ohne diese Erklärung Offizier wurde. Wenn die Vorgesetzten gewußt hätten, daß er nie Munition für seinen Karabiner bei sich trug, um nicht in die Verlegenheit zu kommen, einen Menschen töten zu müssen, hätten sie ihn vielleicht nicht befördert.

Während des Krieges arbeiteten in Kauern polnische Kriegsgefangene. Eines Morgens hatte einer von ihnen in einer Kurzschlußhandlung den Inspektor mit der Peitsche angegriffen. Peter, der zum Wochenende von Berlin, wo er beim Preiskommissar arbeitete, herübergekommen war, ergriff sofort die Initiative: er wußte, daß der Pole mit Sicherheit im KZ enden würde. Den ganzen Morgen lief er von einem zum anderen, redete allen Leuten gut zu und verpflichtete sie zum Schweigen. Tatsächlich hielten alle dicht, und Pjotr wurde gerettet.

Als Peters Frau und seine jüngste Schwester im Mai 1945 zu Fuß durch Schlesien wanderten, um daheim nach den Leuten zu sehen, trafen sie Pjotr auf der Landstraße irgendwo in der Nähe von Kauern. Anstatt sofort heimzukehren, nahm er sich der beiden Frauen an, blieb während der ganzen Zeit bei ihnen und dolmetschte für sie, was den Umgang mit den Russen sehr erleichterte.

Peter Yorck war eine Mischung aus höchst heterogenen Eigenschaften – Gegensätze, die ihn auf seltsame Weise zu einem harmonischen Menschen werden ließen. Er war konservativ, Familie und Tradition bedeuteten ihm viel (in Klein-Öls lebte man auf fast chinesische Weise mit seinen Ahnen), allen Utopien stand er skeptisch gegenüber, war aber gleichzeitig moderner Betrachtungsweise – beispielsweise der sozialen Verhältnisse – durchaus aufgeschlossen, nicht himmelstürmend, vor allem als Gastgeber konnte er dennoch brüsk bis zur Feindseligkeit sein, wenn er auf Heuchelei stieß oder jemand ihn mit leeren Phrasen abzuspeisen versuchte.

Er war tief religiös. Wenn ich aus Ostpreußen herüberkam und in der Hortensienstraße am Botanischen Garten bei Peter und Marion Yorck wohnte und wenn es zufällig Sonntag war, wurde ich Zeuge, wie er morgens nach dem Frühstück eine riesige pergamentgebundene Bibel mit schönen Vignetten holte und einen Abschnitt daraus vorlas. Aber es gab normalerweise sicher niemanden, der diese Seite von ihm wahrnahm: Er hatte nichts Frömmelndes oder Pietistisches. Im Gegenteil, er wirkte oft sarkastisch und hatte ein gewisses Vergnügen an Ironie. Manche Leute hielten ihn deshalb für »hochgestochen«.

Tatsächlich hielt er gerne Abstand, aber nicht aus Hochmut, sondern eher aus Scheu, oder um sich nicht decouvrieren zu müssen. Bemerkenswert war seine Begabung zur Freundschaft. In der Zusammenarbeit mit dem politischen Freundeskreis war er der Mittler zwischen so verschiedenen Menschen wie Stauffenberg, Beck, Julius Leber, Adam Trott und seinem engsten Freunde Helmuth Graf Moltke.

Die beiden – Moltke und Yorck – hatten sich erst verhältnismäßig spät kennengelernt. Am 16. Januar 1940 schrieb Moltke in einem Brief an seine Frau: »Zu Mittag habe ich mit Peter Yorck gegessen oder vielmehr bei ihm. Er wohnt draußen im Botanischen Garten in einem winzigen Haus, das sehr nett eingerichtet ist. Ich glaube, wir haben uns sehr gut verständigt, und ich werde ihn wohl öfter sehen . . .« Das war der Beginn einer Freundschaft, die mit der Feststellung begann, daß das moralisch-politische Koordinatensystem übereinstimmte, die dann jahrelang um Gleichgesinnte warb und sich durch Erarbeitung der Grundlagen für ein Deutschland nach Hitler festigte und schließlich für beide am Galgen in Plötzensee endete.

Alle Freundschaften politisch engagierter Menschen fingen damals so an. Zu allererst wurde abgetastet, wes Geistes Kind der andere sei. So stark war das

Bedürfnis, Gesinnungsfreunde zu finden, daß man mit der Zeit einen sechsten Sinn für diese Kunst entwickelte und natürlich auch für die Gefahren, die damit verbunden waren. Mir ist es häufig so ergangen, daß ich während eines kurzen Sachgespräches in einer gleichgültigen Behörde plötzlich an irgendeinem Wort, manchmal nur einem Attribut erkannte: »Der da ist einer, den man brauchen könnte.« Oder daß ich bei einer beliebigen Versammlung plötzlich spürte, da drüben in der Ecke steht einer, der denkt wie du. Dieser Urinstinkt zur Solidarität gedeiht offenbar nur unter äußerstem Druck.

Als Yorck und Moltke einander begegneten, bildete jeder von ihnen bereits den Mittelpunkt eines Freundeskreises. Moltke war damals 33 Jahre, Yorck drei Jahre älter. Für beide Kreise waren etwa die gleichen Grundelemente entscheidend: Konservatismus, Sozialismus, Christentum – nur waren diese Elemente bei jedem anders gewichtet.

Helmuth Moltke war früh mit Paul Tillichs religiösem Sozialismus in Berührung gekommen. Tillichs religiöser Sozialismus bediente sich der Analysen von Karl Marx, um die Gefahr der Entpersönlichung und Verdinglichung des Menschen in den automatisierten Prozessen der gesellschaftlichen Produktion und Konsumtion zu verdeutlichen. Er versuchte, die entleerte Autonomie der industriellen Gesellschaft wieder mit religiöser Substanz zu füllen.

Seine Zeitschrift *Neue Blätter für den Sozialismus* hatte in den zwanziger Jahren einen starken Einfluß auf die geistige Jugend. Harald Pölchau, der Gefängnispfarrer von Tegel und treue Gefährte der Kreisauer, dem es zu danken ist, daß viele Briefe ihren

Adressaten erreichten, war ein Schüler von Tillich. Auch Carlo Mierendorff, der begabte und von den Nazis gefürchtete Sozialistenführer, der bald nach 1933 für viele Jahre in Hitlers KZs verschwand und erst 1938 wieder auftauchte, sowie sein Freund Theo Haubach, Mitbegründer des sozialistischen »Reichsbanner Schwarz-Rot-Gold« – einer bewaffneten Organisation zur Verteidigung der Weimarer Republik –, und schließlich der Sozialist Adolf Reichwein arbeiteten mit an Tillichs *Neuen Blättern für den Sozialismus*.

Viele der Widerstandsangehörigen waren Journalisten: Carlo Mierendorff war zunächst Chefredakteur von *Das Tribunal – Hessische radikale Blätter* und später vom *Hessischen Volksfreund*, beides progressive Zeitungen zwischen den Weltkriegen. Theo Haubach arbeitete von 1924 bis 1929 als außenpolitischer Redakteur beim *Hamburger Echo* und danach als Berater der *Neuen Blätter für den Sozialismus*. Julius Leber war Chefredakteur des *Lübecker Volksboten* und zugleich Chef der SPD in Lübeck. Wenige Wochen nach der Machtergreifung wurde er verhaftet und verbrachte mehrere Jahre im KZ. Pater Delp war als Soziologe Redaktionsmitglied bei der katholischen Zeitung *Stimmen der Zeit*. Karl Ludwig von Guttenberg schließlich war Herausgeber der *Weißen Blätter* und im Kriege, wie Moltke, Bonhoeffer und Dohnanyi, bei der Abwehr tätig.

Zu Moltkes Freundeskreis gehörten auch einige Gleichaltrige aus der Studentenzeit in Breslau: Horst von Einsiedel und Carl Dietrich von Trotha, die 1928 – alle waren damals erst zwanzigjährig – zusammen das erste Arbeitslager für junge Arbeiter, Bauern und

Studenten im rückständigen Waldenburger Land in Schlesien begründet hatten; eine Einrichtung, die Hitler später zu einer paramilitärischen Organisation denaturierte.

Yorck, der konservativer als Moltke war, hatte die engeren Beziehungen zu den Militärs. Er kannte Beck, Claus Stauffenberg, Fritz-Dietlof von der Schulenburg, Cäsar Hofacker – sein Haus in der Hortensienstraße war fast immer der Treffpunkt. Die Gestapo hatte bei ihrer Kategorisierung der »Verräter« die Gruppe Moltke/Yorck nach Moltkes Besitz in Schlesien als Kreisauer Kreis etikettiert, weil in Kreisau zwischen Pfingsten 1942 und Pfingsten 1943 drei größere Treffen stattgefunden hatten. Im Grunde wäre es eigentlich zutreffender gewesen, die beiden integrierten Freundeskreise nach der Hortensienstraße zu nennen, wo während der vier entscheidenden Jahre ungezählte Sitzungen und Besprechungen stattgefunden haben. Nachdem Helmuth Moltke und Eugen Gerstenmaier, der seit 1942 Mitglied des Kreises war, im März 1943 zu den Yorcks in die Hortensienstraße gezogen waren, wurde dort fast jeden Abend debattiert.

Die erste Zusammenkunft in der Hortensienstraße Nr. 50 fand 1938 nach der »Kristallnacht« statt. Diese erste offene Terroraktion gegen die Juden hatte Peter Yorck tief erschüttert und empört, sofort hatte er Gleichgesonnene eingeladen, um zu beraten, ob man etwas tun könne. Und als er dann im Frühjahr 1939 von einer Dienstreise in die Tschechoslowakei mit dem Resümee zurückkam: Was da vor sich geht, ist reiner, simpler Imperialismus, gab es für ihn nur noch eine Möglichkeit: Widerstand zu leisten.

Das Jahr 1938 war für alle Oppositionellen ein Signal gewesen. Ludwig Beck, der Chef des Generalstabs, der immer wieder, freilich ganz vergeblich, den Hitlerschen Kriegsvorbereitungen gegen die Tschechoslowakei warnend entgegengetreten war, hatte schließlich 1938 resigniert seinen Abschied genommen. So wurde er zur Hoffnung für alle, die dem System kritisch gegenüberstanden. Für ihn galt nicht, wie für viele andere Offiziere, die Unanfechtbarkeit des Höheren Befehls. Er hatte seinen Untergebenen stets gepredigt: »Ihr soldatischer Gehorsam hat dort eine Grenze, wo Ihr Wissen, Ihr Gewissen und Ihre Verantwortung Ihnen die Ausführung eines Befehls verbieten...« Und: »Es ist ein Mangel an Größe und an Erkenntnis der Aufgabe, wenn ein Soldat in höchster Stellung in solchen Zeiten seine Pflichten und Aufgaben nur in dem begrenzten Rahmen seiner militärischen Aufgaben sieht, ohne sich der höchsten Verantwortung vor dem gesamten Volk bewußt zu werden.«

Beck und Goerdeler kannten einander seit 1935 und nahmen nun als Gleichgesinnte engere Verbindung auf. Ende 1941 legten sie ihre Gedanken in einer umfassenden Denkschrift *Das Ziel* dar. Der Kreisauer Kreis allerdings hielt Goerdeler für einen »Reaktionär« und apostrophierte jene Gruppe gern als die »Exzellenzen«, weil viele von ihnen bereits hohe Ämter bekleidet hatten. Goerdeler wiederum nannte die Kreisauer, zu denen Sozialisten und Arbeiterführer gehörten, »die Jungen« oder, wenn er ärgerlich war, auch »die Salonbolschewiken«. Eine programmatische Zusammenkunft beider Gruppen kam erstmals im Januar 1943 zustande; sie verlief offenbar für beide Seiten eher enttäuschend, wie Helmuth James von Moltke in einem Brief an seine Frau Freya berichtete.

Allmählich, vor allem nach der Begegnung von Moltke und Yorck im Januar 1940, bildete sich eine bewußte Oppositionsgruppe, die systematisch Kontakte knüpfte zu einzelnen Spezialisten und Leuten in Schlüsselstellungen, die über besondere Informationen verfügten, oder zu Mittelsmännern, die ganz neue Gruppen erschließen konnten. In diesem Sinne waren beide Kirchen von größter Wichtigkeit, weil sie legale Verbindungen zur Außenwelt unterhielten. Über Hans Schönfeld, Direktor der Forschungsabteilung des Weltrats der Kirchen in Genf, bekamen Theodor Steltzer sowie von der Gablentz gelegentlich Zugang zu einer der ökumenischen Konferenzen in Genf, wo sie übrigens 1939 John Foster Dulles und Max Huber trafen.

Die katholische Kirche war vielleicht noch wichtiger, weil sie die Masse der Gläubigen erreichte. Die beiden Jesuiten, die dem Kreisauer Kreis angehörten – Pater Delp und Pater Rösch –, waren imstande, viele wichtige Verbindungen zu halten. Außerdem: Die Bischöfe konnten damals Dinge sagen, die zu äußern kein anderer sich leisten konnte. Über den Bischof von Berlin, Graf Preysing, den er häufig sah, fand Moltke schließlich sogar die Möglichkeit, einen Hirtenbrief zu beeinflussen.

Auch damals glaubte man, ein Wendepunkt in der Geschichte sei gekommen oder stehe unmittelbar bevor. Die Oppositionellen waren fest entschlossen, eine »sinnvollere« Gesellschaft aufzubauen. Sie wolten eine neue soziale Ordnung errichten, deren Mittelpunkt Gerechtigkeit sein sollte. Sie waren davon überzeugt, daß das Nazi-Regime zusammenbrechen würde und daß für die Zeit danach etwas ganz Neues vorbereitet und rechtzeitig die richtigen Leute dafür ausgesucht werden müßten. Denn, daß es nicht genügen würde, den alten Zustand von vor 1933 wieder herzustellen, davon waren alle fest überzeugt.

Dieses Neue zu durchdenken und vorzubereiten, das war die Aufgabe, die die Kreisauer sich stellten. Vor allem anderen war ihnen die Erneuerung der moralisch-ethischen Maßstäbe wichtig. Sie waren sich einig darin, daß ohne metaphysische Dimension weder das Individuum noch die Nation leben könne. In dieser Überzeugung wurden sie durch den platten Positivismus und die Pervertierung aller Werte während der Nazi-Zeit ständig von neuem bestärkt.

Großen Wert legten sie auch auf den Aufbau der Demokratie von unten, auf die Schaffung überschaubarer Verwaltungseinheiten und auf eine konsequente Dezentralisierung als Antithese zum Obrigkeitsstaat im 19. Jahrhundert. Auch an eine Art Partizipation war gedacht. Moltkes Begründung: »Wo das fehlt, werden die, die ausschließlich regiert werden, empfinden, daß sie an den Ereignissen keinen Anteil haben und daß sie für das, was geschieht, nicht verantwortlich sind; während die, die nur regieren, das Gefühl bekommen, daß sie als herrschende Klasse überhaupt niemandem verantwortlich sind.«

Die Kreisauer waren überzeugt davon, daß das neue Europa durch übernationale Werte wie Humanität, Christentum und Sozialismus bestimmt sein würde. Sie glaubten fest, daß die Zukunft eine Föderation der Europäischen Staaten bringen werde. Seitdem im Jahr 1941 zwei Mitglieder des Auswärtigen Amtes zum Kreisauer Kreis gestoßen waren – Adam von Trott und Hans-Bernd von Haeften –, wurden außenpolitische Fragen noch intensiver diskutiert.

Sehr beschäftigte die Kreisauer auch das Problem der Loyalität in der Diktatur, das Recht auf Widerstand, die Bedeutung des Eides, die Bestrafung der Kriegsverbrecher. Alles wurde diskutiert, zu allem eine Mehrheitsmeinung herausgearbeitet. Peter Yorck war maßgeblich und federführend an dem Dokument über Staatsaufbau und Wirtschaft beteiligt. Die Prämisse, von der ausgegangen wurde: Ein Umsturz hat stattgefunden – sei es, daß die Militärs ihn herbeigeführt oder die Alliierten Hitler besiegt haben.

Daß ein Umsturz unvermeidlich war, daß man sich dafür voll einsetzen müsse, wurde Peter Yorck schon sehr früh klar. Aber für ihn wie auch für Moltke, die beide sehr bewußt als Christen lebten, war die Vorstellung, Hitlers Ermordung planmäßig zu organisieren, ein schweres Problem, das anderen nicht so zu schaffen machte. Moltke weigerte sich, die Verbrecher mit »Gangstermethoden« zu beseitigen: »So kann man keine neue Epoche einleiten!« Yorck teilte seine Meinung nicht ganz so eindeutig, je weiter die Zeit fortschritt. In der letzten Zeit hatte er sich dann auch selbst zur Aktion durchgerungen. Alle miteinander aber hielten es für ihre Pflicht, darüber nachzudenken, was getan werden müsse, wenn es einmal soweit sein würde.

Freilich meinte gelegentlich dieser oder jener, es sei Zeitverschwendung, für eine unvorhersehbare Situation zu planen. Solche Pläne würden ja notwendig durch den Gang der Ereignisse überholt, letzten Endes werde sich der Sturz der Nazis auf ganz andere Weise vollziehen, als man jetzt annehme. Aber die Mehrheit war doch immer der Meinung, die Opposition müsse sich jener Arbeit unterziehen und sich den Gefahren stellen, die damit verbunden waren. Ihre Begründung: Weimar sei ja vor allem deswegen gescheitert, weil die Demokratie ohne gedankliche Vorbereitung und viel zu plötzlich über die Menschen hereingebrochen sei.

Viel wurde über die letzten Dinge der Politik gegrübelt, über die Rolle des Staates und die Grenzen der Freiheit. Da gab es auch zwischen den beiden führenden Freunden nicht zu allen Zeiten vollkommene Übereinstimmung, wie ein Briefwechsel vom Juni 1940 zeigt. Peter Yorck, der, wie er ausdrücklich sagte, unter Freiheit die Freiheit des anderen verstand, aber dennoch die Skepsis des Konservativen gegenüber der moralischen Standfestigkeit des Menschen hatte, befürchtete, wenn sich alles nur um die individuelle Freiheit drehe, dann werde die Gemeinschaft zu kurz kommen. Er war überzeugt, daß die Gesellschaft mehr ist als nur die Summe der Individuen, die sich gegenseitig die Freiheit garantieren. Es gebe eben, meinte er, einen Staat, und den müsse man schützen, aber auch er unterliege moralischen Forderungen.

Moltke in seiner Antwort an Yorck: »Ich kann keine ethischen Prinzipien entdecken, die für etwas anderes Gültigkeit besitzen als für menschliche Beziehungen. Wenn wir den Staat als moralische Persönlichkeit sehen, dann geraten wir, glaube ich, auf dem Weg über Hegel zur Vergöttlichung des Staates.«

Während Peter Yorck und Helmuth Moltke

brauchbare, integre Menschen sammelten, die den neuen Staat bauen und verwalten sollten, und während sie sich bemühten, gemeinsam mit diesen moralische und politische Maßstäbe für ein Deutschland nach Hitler zu entwicklen, wurden die oppositionellen Offiziere von Zweifeln hin- und hergerissen: In der Phase spektakulärer Siege war es zu früh, Hitler umzubringen, zu groß schien die Gefahr der Dolchstoßlegende; und als die Rückschläge einsetzten, war es vielleicht schon zu spät, um etwas anderes als bedingungslose Kapitulation zu erreichen. Dennoch wurden immer wieder Vorbereitungen für ein Attentat getroffen, die immer wieder auf fast magische Weise scheiterten, weil Hitler seine festgesetzten Pläne oder vorgesehenen Routen änderte.

Ich weiß nicht, ob es einen institutionalisierten Kontakt zwischen den Militärs und den Kreisauern gab, aber am ehesten hat wohl Fritz-Dietlof Graf von Schulenburg, der Peter Yorck besonders nahestand, diese Funktion erfüllt. Er war von 1937 bis 1939 stellvertretender Polizeipräsident von Berlin und während dieser Zeit an der Vorbereitung von Umsturzplänen beteiligt. 1939 wurde er Regierungspräsident in Breslau und bei Ausbruch des Krieges Soldat.

Fritzi, wie er von seinen Freunden genannt wurde, war ein geborener Revolutionär, der das jahrelange Planen des Kreisauer Kreises nur schwer ertrug und darum nur gelegentlich in die Hortensienstraße ging. Er wollte, im Gegensatz zu den Kreisauern, an der Tat beteiligt sein. Oft wurde er ungeduldig, dann nannte er Yorck und Moltke »Flagellanten«, die vor lauter Christentum sich nicht entschließen können, das

Rechte zu tun. Ende 1942 fragte Schulenburg mich, wer in Ostpreußen unser bester Mann sei, wer also wohl als Landesverweser – so sollten die Chefs der Länder oder Provinzen heißen – geeignet sei. Ich nannte ihm Heinrich Dohna, Generalmajor a. D., der seinen Besitz Tolksdorf bewirtschaftete und in allen Kreisen – militärischen wie zivilen – ungemein geachtet war. Nachdem Schulenburg mit Stauffenberg und einigen anderen gesprochen hatte, bekam ich den Auftrag, zu Heinrich Dohna zu fahren und ihn »anzuwerben«. Dohna, ein unendlich nobler Mann, sagte zu, obgleich er genau wußte, was für ihn dabei auf dem Spiele stand. Er ist wie alle anderen in Plötzensee am Galgen gestorben. Bei zwei anderen – einem Truppenführer und einem höheren Beamten –, auf deren Mitwirkung man gehofft hatte, überwogen die Bedenken: Meine Mission hatte keinen Erfolg, zeitigte aber auch keine bösen Folgen.

Nach dem 20. Juli 1944 hatte ich mir auf Umwegen die Aktenzeichen einiger Untersuchungsgefangenen besorgt, um zu versuchen, unter irgendeinem Vorwand Heini Lehndorff oder Heinrich Dohna sprechen zu können. Es war Anfang August, die Gestapo hatte mich bereits mehrfach vernommen, und so betrat ich mit einigem Bangen den berüchtigten Volksgerichtshof in der Bellevuestraße in Berlin. Tatsächlich gelang es mir, zu Oberstaatsanwalt Schulze vorzudringen, der zu meiner Verwunderung sogar mit einer gewissen Hochachtung von Dohna sprach – was ihn offenbar selbst überraschte. Aber sehen durfte ich Dohna nicht. Von Schulze erfuhr ich, daß Lehndorff zwei Tage vorher hingerichtet worden war.

Wenn man sich das große Grübeln und die zahlreichen moralisch-philosophischen Erwägungen und politischen Debatten vergegenwärtigt, die damals angestellt worden sind, um nicht die Welt, aber doch das eigene Volk zu verändern, dann drängt sich die Frage auf: Was eigentlich ist dann schließlich von all dem geblieben?

In der chaotischen Wirklichkeit nach 1945 nicht viel. Damals glaubte niemand, Zeit für grundsätzliche Erwägungen zu haben. Es ging allenthalben nur ums Überleben, um Brot für den nächsten Tag, um das Dach über dem Kopf, also ausschließlich um praktische und materielle Dinge. So wurde der Erfolg zum Maßstab aller Dinge: Die Kreisauer wären mit dieser Entwicklung ganz gewiß wenig glücklich gewesen.

Ich habe gelegentlich mit Eugen Gerstenmaier, der Peter Yorck sehr nahestand, darüber gestritten, wo Peter heute wohl politisch stehen würde. Ich war nicht Gerstenmaiers Meinung, daß er sich zum heutigen Konservativen entwickelt hätte. Zwar war sein angeborenes Stilgefühl konservativ, die Persönlichkeit aber, die sich nach und nach herausgebildet hatte, war so stark von sozialen und humanitären Zügen bestimmt, daß der reine Materialismus der ersten zwei Jahrzehnte nach 1945 diesen Teil seines Wesens sicherlich viel stärker hätte hervortreten lassen. Schließlich kam ja in allem, was die Freunde damals dachten und wofür sie standen, neben der Kritik am Kommunismus auch eine große Skepsis dem Kapitalismus gegenüber zum Ausdruck.

Ich denke, er wäre heute im Verhältnis zum Staat, den er schützen wollte, ein Konservativer, gegenüber den Mitbürgern ein Liberaler und der Gesellschaft gegenüber, um der Gerechtigkeit willen, die ihm so viel bedeutete, ein sozialer Demokrat. Dies mögen Hypothesen sein, eins aber steht für mich fest: Auch für Peter Yorck würde es am Anfang schwer gewesen sein, sich auf ein Leben einzustellen, in dem es vor allem um Karriere, Lebensstandard und Sicherheit und nicht mehr darum geht, Treuhänder oder Sachwalter für eine dem Persönlichen übergeordnete Sache zu sein.

Nie wieder ist bei uns so existentiell gelebt worden wie vor 1945, so bewußt und so lange Zeit auf dem schmalen Grat zwischen Tod und Leben. Politik war zu jener Zeit stets mit dem Einsatz der ganzen Person verbunden. Für niemanden sind heute das Ausmaß des Risikos und die Dimension der Gefahr, in der jene Männer und Frauen lebten, noch vorstellbar. Jeder wußte, wenn einer verhaftet werden sollte, könnte dies das Ende für alle bedeuten – denn wer hätte trotz aller Solidarität garantieren wollen, daß er gegen die Folter der Nazi-Schergen gefeit war? Niemand weiß, wie viele Todesurteile während der Nazizeit vollstreckt worden sind, aber die Zahl wuchs mit den Jahren lawinenhaft an. 1934 wurden 53 formelle Hinrichtungen vorgenommen, in den beiden letzten Jahren, 1943 und 1944, jedes Jahr über 6000. Im Rahmen der Wehrmachtjustiz sind von 1933 bis 31. 1. 1945: 24 559 Offiziere und Soldaten hingerichtet worden. In Konzentrationslagern oder Strafanstalten sind während des Hitler-Regimes etwa eine Million Deutsche aus politischen Gründen eingeliefert worden – wie viele davon umgekommen oder ermordet worden sind, ist unbekannt.

Fest steht aber, daß in jenen Jahren außer den Millionen Juden etwa 80 000 Geisteskranke und 20 000 geschädigte oder mißgestaltete Kinder und etwa 30 000 deutsche Zigeuner umgebracht worden sind.

Während der ersten Jahre waren es Scharfrichter, die die Hinrichtungen vollzogen; als sie die Arbeit nicht mehr bewältigen konnten, wurden Guillotinen eingesetzt. Der »weitschauende Führer« hatte gleich 1933 zwanzig Stück bestellt. Sie wurden, wie Pölchau in seinem Buch »Die Ordnung der Bedrängten« schreibt, von den Insassen des Gefängnisses Tegel hergestellt.

Wie sehr Helmuth Moltke und Peter Yorck sich ergänzten – eigentlich bildeten sie erst zusammen ein Ganzes und damit den Kern des Kreises –, wird an den Abschiedsbriefen der beiden an ihre Frauen deutlich: Moltke, bis zum letzten Augenblick politisch motiviert und auf die Sache konzentriert, beobachtet die Szene seiner eigenen Verurteilung vor dem Volksgerichtshof mit kühler Distanziertheit und intellektueller Präzision. Er ist glücklich, daß dem Kreis attestiert wird, keine Gewalt geplant, keine Posten verteilt, keine praktischen Handlungen vorgenommen zu haben: »Wir werden gehängt, weil wir zusammen gedacht haben.« Er gibt eine detaillierte Schilderung, damit diese verbreitet und politisch ausgenutzt werden könne. Auch daran denkt er noch in dieser letzten Stunde:

»Um drei Uhr verlas Schulze, der keinen üblen Eindruck machte, die Anträge. Moltke: Tod und Vermögenseinziehung... Dann kamen die Verteidiger, eigentlich alle ganz nett, keiner tückisch... Freisler begabt, genial und nicht klug, und zwar alles drei in der Potenz, erzählt den Lebenslauf, man bejaht oder ergänzt, und dann kommen die wenigen Tatfragen, die ihn interessieren...«

»Als Rechtsgrundlage«, so fährt Moltke fort, »wurde verkündet: Der Volksgerichtshof steht auf dem Standpunkt, daß eine Verratstat schon der begeht, der es unterläßt, solche defätistischen Äußerungen wie die von Moltke, wenn sie von einem Mann seines Ansehens und seiner Stellung geäußert werden, anzuzeigen. Vorbereitung zum Hochverrat begeht schon der, der hochpolitische Fragen mit Leuten erörtert, die in keiner Weise dafür kompetent sind, insbesondere nicht mindestens irgendwie tätig der Partei angehören. Vorbereitung zum Hochverrat begeht jeder, der sich irgendein Urteil über eine Angelegenheit anmaßt, die der Führer zu entscheiden hat...«

In Moltkes Abschiedsbrief heißt es weiter: »Schulze, Freisler und Berichterstatter in roten Roben. Typisch war ein Vorfall: aus irgendeinem Grunde wurde ein StGB (Strafgesetzbuch) gebraucht, weil Freisler was daraus vorlesen wollte. Es stellte sich aber heraus, daß keines aufzufinden war.«

Peter Yorcks Brief ist dagegen ganz persönlich und ausschließlich auf das Menschliche konzentriert. Keinen vergißt er. Für jeden hat er noch einen Extragedanken oder einen Gruß, für die Freunde, die Verwandten, die Gutsleute – »vergiß Ostpreußen nicht« (gemeint war Marion Dönhoff). Nur der erste Absatz gilt der politischen Situation: »Wir stehen wohl am Ende unseres schönen und reichen gemeinsamen Lebens. Denn morgen will der Volksgerichtshof über mich und andere zu Gericht sitzen. Ich höre, das Heer hat uns ausgestoßen: das Kleid kann man uns neh-men, aber nicht den Geist, in dem wir handelten...«

Als Peter Yorck, noch nicht 40 Jahre alt, in Sträf-lingskleidung und mit ungefügen Holzpantoffeln – der vorgeschriebenen Kleidung – zum Galgen ging, stolperte er. Er stolperte, sagte wie zum Spott: »Hoppla!«, – ging, wie Pölchau berichtet, den Schritt zurück und machte ihn noch einmal...

Alle großen Namen der preußischen Geschichte: Yorck, Moltke, Dohna, Schulenburg, Lehndorff, Schwerin sind in diesem letzten und wohl schönsten – weil der Macht so fernen, dem Wesentlichen so nahen – Kapitel noch einmal verzeichnet. Es ist, als wäre der Geist des Preußischen von Kant bis Kleist, von allen Pervertierungen gereinigt, noch einmal Gestalt ge-worden. Bald darauf wurde Preußen aus dem Buch der Geschichte gestrichen. Nun ist es nur noch Ver-gangenheit, vielleicht bald nicht einmal mehr dies.

Einige Jahre nach dem 20. Juli 1944 – es war kaum mehr als ein Jahrzehnt vergangen – schrieb mir ein unbekannter Leser der *ZEIT*, ein Professor, er sei in Schlesien gewesen und nach Kreisau gepilgert, um Helmuth Moltke Reverenz zu erweisen. In Kreisau, das jetzt polnisch ist, fragte er nach dem Haus, in dem Generationen der Moltkes gelebt haben – verwun-derte Blicke: »Moltke? Nie gehört...«

(1990)

Wehrmachtsverbrechen und die Männer des 20. Juli

Wider die Selbstgerechtigkeit der Nachgeborenen

Es ist erstaunlich, wie erfindungsreich manche Leute im Auffinden von Spuren sind, die angeblich das beweisen, was ihre Vorurteile ihnen schon immer gesagt haben. Hannes Heer und Klaus Naumann haben ein dickes Buch über die Verbrechen der Wehrmacht zusammengestellt.

Wenn alle Verbrecher waren, dann dürfen die, die im Widerstand gegen Hitler ihr Leben verloren haben, nicht ausgenommen werden, denn auch sie trugen ja Uniform. Dies der Grund, warum Christian Gerlach einen Beitrag in dem die Ausstellung begleitenden Buch geschrieben hat, der den Titel trägt: »Männer des 20. Juli und der Krieg gegen die Sowjetunion«.

Gerlach ist offenbar nicht Historiker, sonst könnte er seine Betrachtungen nicht mit dem Satz beginnen: »Die Geschichtsschreibung über die ›Männer des 20. Juli‹ hat ein kleines Manko, fast alles beruht auf nachträglichen Aussagen, Memoiren und Erinnerungen.«

Der Aufsatz besteht aus 14 Seiten und 63 Fußnoten. Mit Hilfe dieser Briefmarkensammelei kommt der Autor zu keinem Gesamtbild, schlimmer noch: zu einem falschen. Beispielsweise, wenn er meint, die

Vorstellungen jener Offiziere über die Zeit nach Hitler seien »an der Monarchie, am Ständestaat oder anderen reaktionären Modellen orientiert« gewesen.

Diese Behauptung übersieht, daß der Widerstand bewußt in zwei Bereiche gegliedert war: die Offiziere, die allein für die Beseitigung Hitlers und seiner Machtstruktur zuständig waren, und der zivile Bereich des sogenannten Kreisauer Kreises unter Moltke und Yorck, die viele Denkschriften und Hunderte von Briefen hinterlassen haben. Sie alle gehen aus von der Errichtung eines liberalen Rechtsstaates und der Hoffnung auf ein geeintes Europa und nicht von der Wiedererweckung alter Ideale.

Der besondere Zorn des Herrn Gerlach gilt Henning von Tresckow, Erster Generalstabsoffizier (Ia), und Rudolf-Christoph von Gersdorff, Abwehroffizier (Ic), bei der Heeresgruppe Mitte. Begründung: Sie führen »tiefsinnige Gespräche über Moralfragen«, stellen den »ethisch-moralischen Beweggrund dominierend in den Vordergrund« und wissen – dies der Vorwurf –, daß derweil Erschießungen von Juden und Kommissaren stattfinden. Gegenargument: Ebendarum der moralische Appell.

Tresckow war Kopf und Herz des Widerstandes bei der Heeresgruppe Mitte, aber er mußte vieles abzeichnen und weitergeben, so auch Berichte über Erschießungen. Christian Gerlach, dem offensichtlich unbekannt ist, wie ein totalitäres System funktioniert, wertet die Kenntnis von Verbrechen als bedeutungsgleich mit der Beteiligung an Verbrechen. Anstatt zu bewundern, daß es in dieser riesigen Militärmaschine tatsächlich einzelne gab, die unter ständiger Lebensgefahr versuchten, die Weichen anders

zu stellen, verdammt er Täter und Opfer gleichermaßen.

Als Hitlers Erlaß vom 13. Mai 1941 bei der Heeresgruppe Mitte eintraf, der für die Truppe die Erschie-
ßung von Freischärlern ohne Verfahren anordnete
sowie »kollektive Gewaltmaßnahmen« (»Verfol-
gungszwang gegen Angehörige der Wehrmacht besteht auch dann nicht, wenn die Tat zugleich ein
militärisches Verbrechen ist«), fuhren Tresckow und
Gersdorff – empört über diesen verbrecherischen Befehl – sofort zu ihrem Befehlshaber, dem Feldmarschall Bock, um ihn zu bewegen, persönlich bei Hitler
gegen diese Order zu protestieren. Eine Maschine für
den Flug hatten sie schon bereitgestellt – aber Bock
refüsierte.

Über Gersdorff vermerkt der Autor lediglich, daß
dieser sich »als lebende Bombe mit Hitler in die Luft
sprengen wollte«. Aber es handelte sich nicht um
einen theoretischen Plan, sondern um die praktische
Durchführung eines Attentats, das auch ihm den Tod
gebracht hätte. Gersdorff hatte die umgeschnallte
Bombe in dem Moment auf Zündung gestellt, in dem
Hitler den Ausstellungsraum betrat. Da er ihn aber
entgegen der Planung schon nach wenigen Minuten
wieder verließ, stand Gersdorff vor der scheinbar
unlösbaren Aufgabe, unbemerkt und möglichst rasch
die Bombe wieder zu entschärfen. Für den, der nie in
einer so lebensbedrohenden Situation war, ist es offenbar leicht, »den ersten Stein zu werfen«.

(1996)

Zwölf Thesen gegen die Maßlosigkeit

These 1: Ohne Selbstbeschränkung und Selbstdiszi-
plin kann kein Gemeinwesen leben. Jede Gemeinschaft braucht Spielregeln, braucht Normen, nach
denen der einzelne sich richten kann, auch bestimmte
Bindungen und Traditionen sind unentbehrlich.

Unlimitierte Liberalisierung, Freiheit ohne Selbstbeschränkung, führt ins Chaos und schließlich zu
ihrer Antithese: dem autoritären Zwang. Jede Gesellschaft braucht einen ethischen Minimalkonsens,
ohne ihn zerbröselt sie. Ralf Dahrendorf, der Liberale, warnt vor dem Schreckgespenst, daß »Freiheit
zu jenem existentialistischen Alptraum wird, in dem
alles geht und es auf nichts mehr ankommt«.

These 2: Das ungebremste Streben nach immer
neuem Fortschritt, nach immer mehr Freiheit, nach
Befriedigung ständig steigender Erwartungen zerstört
jede Gemeinschaft und führt schließlich zu anarchi-
schen Zuständen. Harmonie und Stabilität kann es
unter solchen Umständen nicht mehr geben.

These 3: Die wichtigste Forderung an den einzelnen und an die Gesellschaft heißt Maßhalten, heute
aber lautet die Losung: Maximierung – alles muß
immer größer werden, es muß immer mehr Freiheit,
Wachstum, Profit geben.

Das Wesen der Marktwirtschaft ist der Wettbewerb, und der Motor des Wettbewerbs ist der Eigennutz. Wenn jeder soviel wie möglich produziert und konsumiert, dann ist angeblich für die Gemeinschaft das Optimum erreicht. Aber der Zwang zur Gewinnmaximierung zerstört jede Solidarität und läßt ein Verantwortungsbewußtsein gar nicht erst aufkommen.

Wenn jeder sich nur auf seine Leistung konzentriert und auf seinen Lustgewinn und die Verantwortung für das Gemeinwohl dem Staat überläßt, dann geht die Gemeinschaft vor die Hunde.

These 4: Die Überbetonung von Leistung, Geldverdienen und Karriere – die das Wirtschaftliche in den Mittelpunkt des Lebens stellt – führt dazu, daß alles Geistige, Humane, Künstlerische an den Rand gedrängt wird.

Unsere Zeit ist charakterisiert durch totalen Positivismus. Eine ausschließliche Diesseitigkeit schneidet aber den Menschen von seinen metaphysischen Quellen ab; denaturiert ihn zur Maschine und liefert ihn ohne Korrektur seinem eigenen Dünkel und Machtstreben aus.

Ein solches System als einzige Sinngebung kann den Menschen auf die Dauer nicht befriedigen, weil es jede Tiefendimension vermissen läßt. Max Weber hat von der »entzauberten Gesellschaft« gesprochen, »in die der aus der Heilsgewißheit Herausgelöste entlassen worden ist«.

These 5: Gerade in der heutigen Welt mit ihren vielfältigen Versuchungen und Reizangeboten wächst das Verlangen nach moralischer Grundorientierung und einem verbindlichen Wertesystem.

Vieles von dem, worunter wir leiden: zunehmende Kriminalität, Brutalisierung des Alltags, Korruption bis in die höchsten staatlichen Stellen, hängt damit zusammen, daß es keine ethischen Normen und keine moralischen Barrieren mehr gibt.

These 6: Es ist verständlich, daß nach der langen Periode autoritären Mißbrauchs staatlicher Macht der Drang nach Freiheit besonders groß war, aber Freiheit ohne Grenzen mündet eben am Ende automatisch in ein autoritäres Regime. Vor allem im Zeitalter der Marktwirtschaft, wo die Leute ihren Ehrgeiz darauf richten, möglichst viel Geld zu verdienen – egal wie –, hat sich die Bereicherungsmentalität über alle Gebiete verbreitet. Darum gibt es so viele Filme und Videos, die Gewalt, Sex and Crime zum Thema haben, weil sie die höchsten Einschaltquoten und damit den höchsten Verdienst garantieren.

Die American Psychological Association berichtet, daß ein Fünfzehnjähriger in seinem Leben etwa 6000 Morde auf der Mattscheibe gesehen hat sowie 10 000 Gewalttaten und daß er mehr Stunden vor dem Fernseher zugebracht hat als in der Schule.

These 7: Vor allem im Bereich der Wirtschaft herrscht bedenkenlose Maßlosigkeit. Immer wieder heißt es, Wachstum sei notwendig als Antwort auf Armut und Unterentwicklung. Nicht bedacht wird, daß Wachstum unter Umständen ärmer macht, weil die ökologischen Kosten (noch mehr abgeholzte Wälder, noch mehr CO_2, noch mehr Giftstoffe für die Landwirtschaft) den Nutzen aus dem Wachstum übersteigen.

Wir verbrauchen das Kapital kommender Generationen durch wachsende Verschuldung und verringern dadurch die Möglichkeit zukünftigen Konsums. Wir haben ferner, ohne genügend darüber nachzudenken, den Grad sozialer Wohlfahrt so weit gesteigert, daß manche Länder und viele Gemeinden kurz vor dem Zusammenbruch stehen.

These 8: Niemand hat heute eine Vision. Niemand sagt, was werden soll und wo es langgeht. Das geistige Leben ist durch Ratlosigkeit und beklemmende Leere charakterisiert. Aldous Huxley 1922 mit der Utopie »Brave New World« und 1935 George Orwell in der ironischen Fiktion »1984« orakeln, welche Entwicklung unsere Zivilisation nehmen wird. Heute gibt es niemanden, der orakelt.

These 9: Heute sind die Politiker frustriert und die Bürger verdrossen, die großen klassischen Parteien ziehen immer weniger Wähler an, die Wahlbeteiligung geht zurück, und das Mißtrauen gegenüber den demokratisch-legitimierten Institutionen des Staates nimmt zu. Die Demokratie ist bei uns nicht durch rechtsradikale Gruppen gefährdet, sondern allein durch sich selbst; durch Übertreibung ihrer eigenen Prinzipien, also durch ausufernde Marktwirtschaft und unbegrenzte Freiheit.

Wenn diese Entwicklung so weitergeht, dann kann ich mir vorstellen, daß in zehn Jahren der Kapitalismus ebenso zugrunde geht wie der Marxismus.

These 10: Was kann, was muß geschehen? Leider gibt es in der Politik keine Rezepte wie in der Küche: Man nehme ein Pfund Zucker und sechs Eier ... Notwendig ist, daß die Maßstäbe, das Klima, ja die Menschen selbst sich ändern. Das aber kann nicht durch Gesetz oder Anordnung veranlaßt werden; das kann

nur aufgrund von Sensibilisierung des Rechtsbewußtseins geschehen. Denkbar ist auch, daß eines Tages die
Bürger die Nase voll haben und sich etwas ganz anderes – wahrscheinlich dann das Gegenteil – wünschen;
auf das dialektische Gesetz ist immer noch Verlaß.

These 11: Die Frage hieß: Haben wir uns zu Tode
liberalisiert? Die Antwort lautet: Die ungebremste
Liberalität hat zu übergroßer Laxheit geführt. Das
Unrechtsbewußtsein der Amtsträger, die Entscheidungen zu treffen haben oder Genehmigungen erteilen, ist im Schwinden begriffen. Übrigens: Wenn der
Staat selbst die sogenannten nützlichen Abgaben, das
heißt die Schmiergelder, die die industriellen Unternehmen zahlen, um im Ausland einen Auftrag zu
bekommen, als »steuerabzugsfähig« anerkennt, dann
braucht man sich nicht wundern, wenn Steuerhinterziehung als Kavaliersdelikt betrachtet wird.

These 12: Der Rechtsstaat, also Gewaltenteilung,
Pluralismus, the rule of law, das sind nur die Voraussetzungen und der Rahmen für eine zivile Gesellschaft. Entscheidend ist, was die Bürger daraus machen, also die Gesinnung der Menschen und ihr Verhalten. Diejenigen, die Verantwortung tragen, sollten
ihren Eigennutz nicht über das Gemeinwohl stellen.

Es kann doch nicht sein, daß eine säkularisierte
Welt notwendigerweise bar aller ethischen Grundsätze ist. Es muß doch möglich sein, die marktwirtschaftlichen Strukturen so zu ergänzen, daß die Menschen veranlaßt werden, sich menschlich zu verhalten
und nicht wie Raubtiere nach Beute zu gieren.

Resümee dieser Betrachtungen: Alles hängt von
den Menschen ab – von jedem einzelnen von uns.

(1995)